CONTRAPONTO

FUNDAÇÃO EDITORA DA UNESP

Presidente do Conselho Curador
Mário Sérgio Vasconcelos

Diretor-Presidente
José Castilho Marques Neto

Editor-Executivo
Jézio Hernani Bomfim Gutierre

Conselho Editorial Acadêmico
Alberto Tsuyoshi Ikeda
Áureo Busetto
Célia Aparecida Ferreira Tolentino
Eda Maria Góes
Elisabete Maniglia
Elisabeth Criscuolo Urbinati
Ildeberto Muniz de Almeida
Maria de Lourdes Ortiz Gandini Baldan
Nilson Ghirardello
Vicente Pleitez

Editores-Assistentes

Anderson Nobara
Fabiana Mioto
Jorge Pereira Filho

VERA HELENA MASSUH CURY

Contraponto
O ensino e o aprendizado no curso superior de Música

© 2007 Editora Unesp

Direitos de publicação reservados à:
Fundação Editora da Unesp (FEU)
Praça da Sé, 108
01001-900 – São Paulo – SP
Tel.: (0xx11) 3242-7171
Fax: (0xx11) 3242-7172
www.editoraunesp.com.br
www.livrariaunesp.com.br
feu@editora.unesp.br

CIP – Brasil. Catalogação na fonte
Sindicato Nacional dos Editores de Livros, RJ

C988c
Cury, Vera Helena Massuh
    Contraponto: o ensino e o aprendizado no curso superior de música / Vera Helena Massuh Cury. - São Paulo: Editora Unesp, 2007.

    il.
    Inclui bibliografia
    ISBN 978-85-7139-759-0

    1. Música - Instrução e ensino (Superior) - Brasil. 2. Contraponto - Estudo e ensino (Superior) - Brasil. 3. Músicos - Formação - Brasil. 4. Escolas de música - Brasil. I. Título.

07-1248.   CDD: 780.75981
                                                        CDU: 78.071.4(81)

Este livro é publicado pelo projeto *Edição de Textos de Docentes e Pós-Graduados da Unesp* – Pró-Reitoria de Pós-Graduação da Unesp (PROPG) / Fundação Editora da Unesp (FEU)

Editora afiliada:

A meus pais
Josephina e Michel (in memoriam)

O mundo intelectual, cultural, é um grande lago, onde todos nós jogamos pedras. Umas um pouco maiores, outras um pouco menores, mas nós movimentamos esse lago. Isto é o que me parece essencial: o movimento.

(H. J. Koellreutter)

Agradecimentos

Agradeço a todas as pessoas que, de formas diversas, contribuíram para a realização deste trabalho.

A Marisa Fonterrada, minha orientadora no curso de mestrado da Unesp, pelo estímulo constante e pela forte referência que representa nas minhas reflexões acerca da educação.

A Yara Borges Caznók e Maria Aparecida Bento, pelas importantíssimas sugestões.

A Eduardo Massuh Cury, pela atenta revisão do texto da dissertação de mestrado que originou este livro.

À direção, ao corpo docente e aos funcionários da Faculdade Santa Marcelina, pelas condições favoráveis, em todos os aspectos, para o desenvolvimento do meu trabalho pedagógico.

A meus amigos, pelo apoio e pelo afeto, sempre.

A Maria Apparecida F. M. Bussolotti, pela leitura crítica do texto e pelas valiosas orientações editoriais.

À minha família, em especial a Ítalo e Fábio, pelo carinho estimulante a todos os meus projetos de vida.

Aos meus alunos, pelo tanto que me ensinam, me incentivando a buscar sempre novos caminhos.

Sumário

Apresentação 13
Prefácio 17

1 O ensino do Contraponto 23
2 O perfil dos alunos 71
3 O aprendizado do Contraponto 93

Considerações finais 145
Referências bibliográficas 153

Apresentação

A realidade que hoje se apresenta nos cursos superiores de Música remete a uma reflexão sobre muitos dos aspectos que envolvem a educação como um todo, que parece ter ficado à margem das profundas e rápidas transformações ocorridas no último século, em todos os setores da sociedade.

A educação musical, no que se refere à formação de profissionais que têm ou que terão suas atividades ligadas a diferentes campos de atuação no mundo contemporâneo, ainda mantém, em sua estrutura, pontos em comum com os primeiros conservatórios de música surgidos no século XIX, nos quais as diversas áreas do saber musical foram determinadas em disciplinas, distintas quanto ao caráter prático ou teórico que lhes foi atribuído. Tal estrutura foi estabelecida para atender a questões de ordem prática do aprendizado musical que, no século XIX, teve um aumento elevado de adeptos em relação aos períodos precedentes. A instrução individualizada, praticada até então, teve de ser substituída por um tipo de educação que abrangesse, de forma eficaz, grande número de pessoas, simultaneamente.

A evolução dos meios de comunicação, os avanços tecnológicos e a multiplicidade de idiomas musicais que compõem a nova realidade que se evidencia neste novo milênio, deram origem a disciplinas que foram acrescentadas às grades curriculares, o que, naturalmente, diferencia as atuais escolas de música de terceiro grau dos antigos conservatórios. Porém, há disciplinas, ainda hoje, tidas como básicas para a formação musical, dentre as quais se inclui o Contraponto.

Em meio às discussões que emergem das inquietações que permeiam o ensino e o aprendizado na atualidade, ressalta-se a necessidade de que os modelos educacionais sejam reavaliados para que, à semelhança das razões que levaram ao surgimento dos primeiros conservatórios, atendam às questões de ordem prática que, atualmente, se fazem presentes.

As estruturas curriculares, da escola básica ao terceiro grau, têm sido objeto de discussão entre educadores, com propostas inovadoras, cuja implantação depende de inúmeros fatores, que envolvem tempo para atingir as metas pretendidas. Enquanto não se operam as transformações necessárias, o educador tem diante de si a realidade do cotidiano, que remete à procura de soluções dentro do contexto em que atua.

A pesquisa que resultou no presente livro foi impulsionada pela necessidade de realizar uma investigação fundamentada em dados devidamente registrados e organizados, possibilitando uma avaliação analítica e crítica das ações que cercam o ensino e o aprendizado hoje, a partir de um segmento específico da Educação Musical – o Contraponto, como disciplina dos cursos de graduação em Música.

O desenvolvimento da pesquisa orientou-se pelo pensamento de dois educadores, cujas concepções pedagógicas são inteiramente fundamentadas na realidade social e humana em que atuaram: Paulo Freire e Hans Joachim Koellreutter. Embora tenham exercido suas atividades em áreas distintas, há claras relações de similaridade e de complementaridade nas ideias que sempre defenderam, e que marcaram suas trajetórias como educadores. Evidencia-se, nas diferentes abordagens, a compreensão da educação como um processo de construção, movido pela consciência crítica, pela inquietação e pelo desafio que essa concepção representa ao educador. Ambos ressaltam que:

CONTRAPONTO: O ENSINO E O APRENDIZADO NO CURSO SUPERIOR DE MÚSICA   **15**

- Os educadores devem buscar no universo referencial dos alunos os elementos para que se realize, efetivamente, o processo do ensino e da aprendizagem.
- O diálogo fundado na prática do questionamento é condição primordial na ação pedagógica.
- A educação, além de atender a áreas específicas do conhecimento, deve contribuir para que os alunos despertem a consciência para sua realidade temporal, relacionando o aprendizado com o mundo que os cerca.

Esses princípios foram de especial relevância na elaboração da pesquisa e dos parâmetros para a reflexão acerca dos dados levantados.

Na busca de uma abrangência que contemplasse os aspectos mais essenciais da dinâmica entre ensino e aprendizado, a investigação centrou-se em três focos que determinaram os conteúdos dos capítulos: o material didático dirigido ao estudo do Contraponto, o perfil dos alunos dos cursos de graduação, e as respostas desses alunos a uma linha didática específica do ensino de Contraponto.

No Capítulo 1 há, inicialmente, uma abordagem histórica sobre o desenvolvimento da polifonia e das teorias contrapontísticas, da Idade Média até o século XIX. O objetivo dessa abordagem foi situar, em diferentes contextos da educação musical, o ensino do Contraponto, que até o século XVII era o próprio ensino da composição, tornando-se, a partir do século seguinte, um dos ramos do conhecimento musical, da forma como é assumido hoje – uma disciplina histórica. A produção de material didático destinado ao ensino do Contraponto foi intensificada ao longo do século XX para que possibilitasse um estudo de caráter prático e eficaz. Desse material foram selecionadas e analisadas quatorze obras, que contêm as linhas de ensino mais comumente adotadas, no momento atual, nos cursos de graduação em Música.

Para compor o Capítulo 2, foi aplicado um questionário semiestruturado a uma amostra de quarenta alunos e feita uma análise de suas produções musicais. O contato direto com o grupo pesquisado por meio do trabalho pedagógico permitiu aliar, às informações obtidas, as observações feitas no decorrer das aulas.

O Capítulo 3 aborda o aprendizado do Contraponto contextualizado em meu campo de atuação profissional e contém os resultados do trabalho desenvolvido com alunos de graduação, pertencentes a quatro classes que correspondem a dois níveis da disciplina – Contraponto I e II. São apresentadas doze composições dos alunos, requeridas pela disciplina na conclusão do ano letivo, das quais constam as características que mais se evidenciaram na totalidade dos trabalhos.

Ao final, a partir da interação dos dados levantados, é discutido o papel do Contraponto na formação dos alunos, com enfoque voltado às possibilidades de se conduzirem as ações educacionais de forma condizente às necessidades que se apresentam na realidade atual.

Prefácio

O convite a mim dirigido por Vera Helena Massuh Cury para escrever o prefácio de seu livro *Contraponto: o ensino e o aprendizado no curso superior de Música* deixou-me muito contente, por duas razões; em primeiro lugar, pelo fato de o tema abordado pela pesquisadora ser de extrema importância para o aperfeiçoamento do ensino de música, pois o Contraponto é uma disciplina constante nos currículos de formação do músico, tanto nos cursos superiores quanto nos técnicos de música; a segunda razão de meu contentamento é que o livro resulta da transformação da dissertação de mestrado da autora, defendida no Programa de Pós-graduação em Música do Instituto de Artes da Unesp, que tive o prazer de orientar. A oportunidade de trazer essa experiência de pesquisa em Educação Musical para um público mais amplo do que o acadêmico é extremamente oportuna e bem-vinda. Cabe, então, aqui, cumprimentos à Fundação Editora Unesp, que, em tão boa hora, traz a público este livro, de grande importância para conhecedores de música e interessados em geral, pois lança luz sobre o ensino das chamadas "matérias teóricas", apresenta questões importantes a esse respeito e questiona as abordagens de cunho acentuadamente técnico, abrindo espaço para a compreensão e a humanização do ensino, tão conhecida dos bons pedagogos, mas ainda distante do ensino de música tradicional.

A disciplina Contraponto, tradicionalmente, tem sido alvo de apreciações controvertidas por parte dos estudantes de música. Ao mesmo tempo que permite o contato prático com a técnica de combinar linhas melódicas, a relação entre o repertório específico e o aluno não se dá de maneira fácil. Trata-se de disciplina histórica, cujos princípios e regras estão escorados nas práticas musicais de determinados períodos, em geral, pouco conhecidas fora do círculo de especialistas. A produção polifônica das épocas em que foi preponderante está distante da experiência do aprendiz, pois a prática convencional concentra-se nos períodos clássico e romântico, em que se deu preferência a outros modos de organização musical, que privilegiavam o pensamento vertical – harmônico – em relação ao horizontal – contrapontístico.

Outra questão refere-se ao material didático disponível no país; depois de anos quase desprovidos de livros de Contraponto escritos por autor brasileiro, finalmente, o mercado começa a se abrir para a especialidade. No entanto, brasileiros ou estrangeiros, os tratados, por muito diversos que sejam, em geral, privilegiam os conteúdos a ser ensinados, e não o aluno que aprende. Um dos muitos méritos do trabalho de Vera Helena é a revisão que faz dos tratados de Contraponto, dos mais antigos (século IX) aos mais atuais. Com isso, contextualiza o ensino da disciplina e fornece sólidas referências ao leitor.

Além da questão apontada, há outra que merece destaque: os alunos que frequentam os cursos superiores de Música demonstram grande heterogeneidade de formação musical básica ou técnica. Em virtude da ausência da música nas escolas do país desde a década de 1970, as pessoas interessadas em aprendê-la percorrem cada qual o seu caminho, que pode ser: a frequência em conservatórios e escolas de música, a participação em grupos corais ou instrumentais, o aprendizado informal em centros culturais, projetos sociais, com professor particular ou colegas instrumentistas; muitos aprendem praticamente sozinhos, a partir da observação de músicos, em locais de entretenimento ou estúdios de gravação. Essa heterogeneidade de formação reflete-se no repertório conhecido pelos alunos e em seus hábitos de escuta, muitas vezes, bastante específicos, ligados a determinados segmentos que privilegiam esta ou aquela tendência – música popular, erudita, sacra, contemporânea, acústica, eletrônica, eletroacústica. Mas, mesmo com tanta diversidade, a música polifônica, objeto de interesse do Contraponto, é uma das menos conhecidas entre estudantes de música.

Lecionando há muitos anos na Faculdade de Música Santa Marcelina, em São Paulo, Vera Helena tem consciência dos problemas que cercam a disciplina, no que se refere à ordenação dos conteúdos, ao estranhamento do repertório específico por parte dos alunos e às referências musicais que estes trazem para a classe. Ao decidir que o ensino da disciplina que ministra seria objeto de seu interesse científico, a autora não fugiu do problema nem se conformou com as tradicionais questões que cercam a disciplina, mas aceitou o desafio de enfrentá-las, de modo tranquilo, competente e corajoso.

Com isso, rompeu com uma das grandes dificuldades que ainda caracterizam o ensino da música, independentemente da seriedade e da competência do professor. Refiro-me aos fundamentos que embasam a maior parte desse ensino, focalizado na música e em seus aspectos técnicos. Mesmo correndo o risco de generalização, acredito poder afirmar que a preocupação pedagógica nas aulas de música é quase ausente, aparecendo, apenas, em situações bastante específicas, como o ensino inicial – musicalização – ou a educação especial, que se utiliza da música para vencer dificuldades especiais dos alunos. Ao contrário do que acontece nesses redutos, no ensino profissionalizante a atenção do professor focaliza-se na aquisição de competências específicas por parte do aluno e no desenvolvimento e aperfeiçoamento de determinadas habilidades, necessárias à formação do músico. Nesse sistema, o aluno tem que se adaptar ao contexto e vencer com galhardia as próprias dificuldades, caso antes não desista do seu intento de se tornar músico.

Sem abandonar a necessidade de trabalhar com regras e técnicas, fundamentais à compreensão do próprio Contraponto, e fugindo da convenção de não dar a devida importância à experiência do aluno, Vera Helena abre espaço para ele, aceitando-o como é, com a experiência que traz, resultante da maneira pela qual se aproximou da música e construiu seu próprio trajeto. A partir dessa aceitação, ela consegue conduzi-lo com carinho e zelo, pela senda do pensamento polifônico, regrado por estilos de época e musicalmente pertinente. Essa experiência é trazida para o livro e torna-se objeto de discussão, em que as questões técnicas e o cuidado pedagógico com o aluno se interpenetram e se influenciam mutuamente. Para resumir, pode-se dizer que Vera Helena, grande professora, estuda e compreende seus alunos e, a partir desse conhecimento, apresenta-lhes o Contraponto, que conhece e domina como poucos, não apenas tratando de seus aspectos técnico-musicais, mas, principalmente, imprimindo-lhe significados, compartilhados com os jovens sob seus cuidados. O grande apelo de sua proposta pedagógica é sua capacidade de transformar uma disciplina de cunho bastante específico e técnico num conteúdo dotado de interesse e sentido para seus alunos, base do que se chama aprendizagem significativa.

Não sem razão, ela elege como seus suportes teóricos dois pedagogos de primeira linha: Paulo Freire e Hans Joachim Koellreutter. Paulo Freire nos ensina a importância da aprendizagem significativa e defende a ideia de que, para o aluno aprender, é preciso que encontre sentido no que lhe está sendo ensinado. Por isso, parte do universo conhecido para, só então, ampliar o seu repertório, de forma que mais coisas passem a fazer parte de sua vida e, com isso, adquiram significado. Koellreutter, grande pedagogo da música, tem uma trajetória importantíssima na vida musical brasileira: em sua tarefa de professor, não banalizou a música para que ela pudesse ser compreendida por seus alunos; pioneiramente, compreendeu as enormes transformações que ocorriam no mundo e foi capaz de entender que os jovens não poderiam ser ensinados da mesma maneira que seus pais e avós haviam sido, pois suas experiências de vida eram outras, completamente diferentes das deles. Abriu caminho para a experimentação e ampliação de repertório. Compreensivelmente, sua trajetória no ensino da música tem muitos pontos semelhantes à de Paulo Freire na pedagogia.

É a importância que Vera Helena confere aos alunos e a sua aceitação tal como se apresenta que a fizeram aproximar-se deles e de sua produção externa à escola, visitando-os nos locais em que trabalhavam como músicos – barzinhos, casas noturnas, estúdios. Essa aproximação permitiu que, em sua função pedagógica, partisse do conhecido pelo aluno, sem, no entanto, abrir mão do repertório necessário ao desenvolvimento da disciplina. Esse trajeto é extensamente abordado no livro.

Outro aspecto a destacar é a habilidade de Vera Helena de lançar mão de recursos tecnológicos em sala de aula, com o propósito de aproximar – não de separar – os alunos da produção dos colegas. Os recursos de que dispõe permitem que os trabalhos realizados sejam socializados e criticados coletivamente; com eles, os alunos têm oportunidade de compartilhar acertos e enganos, ouvir críticas e criticar, aceitar conselhos e aconselhar, o que, sem dúvida, ultrapassa as necessidades imediatas da sala de aula e caminha em direção à compreensão e à tolerância; essa postura faz parte dos anseios de todos aqueles que, hoje, se preocupam com a atual crise em que vivemos, e com os processos de desumanização do mundo, em grande parte decorrentes da perda de sentidos e significados. Trabalhar de maneira humanizadora é, hoje, mais do que uma necessidade, que muitos ainda relutam em abraçar. Esse é o caminho que Vera Helena Cury escolheu para trilhar, compartilhando seus achados com a comunidade musical em geral e com o leitor interessado. Que outros mais, a partir do que construiu, sintam-se inspirados a buscar caminhos semelhantes.

Marisa Trench de Oliveira Fonterrada
Instituto de Artes – Unesp

1
O ENSINO DO CONTRAPONTO

O desenvolvimento da polifonia e as teorias do contraponto

Desde o início da música polifônica, até os dias atuais, o contraponto se desenvolveu em diferentes estilos e gêneros musicais. Dos exemplos mais remotos da polifonia modal da Idade Média à multiplicidade de estilos e tendências composicionais surgidas ao longo do último milênio, o contraponto sempre esteve presente, mais significativamente em certos períodos da História da Música, menos em outros. Como consequência natural, sempre esteve inserido na educação musical de todas as épocas, de diferentes formas.

O termo "contraponto", do latim *contrapunctus*, derivado de *punctum contra punctum*, ou seja, nota contra nota, surgiu pela primeira vez nos tratados do século XIV, para descrever a simultaneidade de linhas melódicas, de acordo com um sistema de regras (Sadie, 2001, p.551). Ao longo do desenvolvimento da música polifônica, tal sistema de regras foi se modificando, de acordo com novos elementos que, gradativamente, se incorporaram à prática musical dos períodos subsequentes. Esse processo gerou várias teorias contrapontísticas, que deram origem a enfoques didáticos diversificados no decorrer da História da Música.

Período medieval

Embora sem utilizar o termo "contraponto", tratados de música anteriores ao século XIV contêm princípios que regem a música escrita a mais de uma voz. Os primeiros registros de uma polifonia incipiente, que se esboçava a partir do canto monódico praticado durante quase todo o primeiro milênio da era cristã, encontram-se nos tratados *Musica enchiriadis* e *Scholia enchiriadis*, que datam, provavelmente, do século IX. Os dados são imprecisos quanto à sua autoria, atribuída por Gerbert a Hucbaldo de Saint-Amand e, mais recentemente, a Odón de Cluny (Fubini, 1994, p.103).

Os rudimentos de uma real teoria do contraponto surgiram com a *Ars Antiqua*, que abrange a música dos séculos XII e XIII (Jeppesen, 1992, p.6). A autonomia expressiva das vozes da polifonia era crescente nos três tipos de composição polifônica daquele período: o *organum*, o *conductus* e o *moteto*, que aflorou a partir da segunda metade do século XIII. Evidenciava-se uma nova concepção temporal nas composições, em lugar das linhas melódicas que vigoravam desde o cantochão, as quais não obedeciam a uma organização métrica definida.

No século XIII havia vários tratados que abordavam questões relacionadas à técnica contrapontística aplicada à nova música de tempo mensurável. O aspecto rítmico, agora mais diversificado, aumenta consideravelmente os elementos que compõem a teoria da música. O tratado *Ars cantus mensurabilis (ca.*1280)*, de Franco da Cologna, determina valores fixos para notas e pausas, criando um sistema de notação que permaneceu em vigor até o início do século XIV, e muitas de suas características subsistiram até meados do século XVI (Grout & Palisca, 1994, p.124).

No século XIV, com o movimento da Ars Nova, a polifonia foi grandemente enriquecida com novos recursos musicais que incluíam, especialmente, uma organização fundamentada em pontos cadenciais definidos, o que resultou numa fusão de elementos melódicos e harmônicos, criando novas texturas nas estruturas musicais.

Dos séculos IX ao XIV, período que compreende o estilo gótico nas artes, o aparecimento e o início do desenvolvimento da polifonia marcaram uma nova concepção da música, que, anteriormente, era objeto de especulações teóricas, de acordo com o pensamento grego, responsável por influenciar significativamente as bases filosóficas do mundo medieval até cerca do ano 1000. O aprendizado começava a privilegiar a formação do músico artista e não a do músico teórico (Fonterrada, 2001, p.28).

Os tratados *Musica enchiriadis* e *Scholia enchiriadis*, mesmo não tendo como enfoque principal a polifonia propriamente, mas a teorização dos modos que originavam os cantos, representam um marco na literatura teórico-pedagógica da música, pois são centrados na prática musical. O caráter didático é enfatizado, sobretudo, em *Scholia enchiriadis,* pela forma como é escrito: um diálogo entre um mestre e seu discípulo, apontando os princípios básicos da música modal, ressaltando o esclarecimento das questões que, supostamente, eram levantadas pelos aprendizes de música.

Séculos XV e XVI

Embora os autores dos tratados do final da Idade Média tenham iniciado o árduo processo de reduzir a distância entre teoria e prática, é com os escritos do período renascentista, compreendido entre os séculos XV e XVI, que se evidencia uma teoria mais próxima da prática musical. Dos tratados do século XV destaca-se *Liber de arte contrapuncti* (1477), de autoria de Johannes Tinctoris (1435-1511), músico flamengo que estabeleceu regras objetivas de contraponto a partir das obras musicais do seu tempo. Na introdução do tratado o autor deixa clara a proposta de lidar com elementos que fazem parte da sua realidade, numa posição contrária à concepção clássica acerca da música:

> Não esconderei o fato de ter estudado o que os antigos filósofos, como Platão e Aristóteles, assim como seus sucessores, Cícero, Macrobius, Boetius e Isidoro, escreveram sobre a harmonia das esferas.

Visto que descobri que eles diferem em seus ensinamentos, voltei-me desde Aristóteles até o mais moderno dos filósofos, e nenhum deles me fez crer que as consonâncias musicais surgem do movimento dos corpos celestes, pois elas só podem ser produzidas por instrumentos terrestres. (Jeppesen, 1992, p.9)

Tinctoris determina dois tipos de contraponto: *contrapunctus simplex*, no qual são contrapostas notas de igual valor, e *contrapunctus floridus* ou *diminutus*, no qual duas ou mais notas de valores diversos são contrapostas a uma de maior valor. Os dois tipos de contraponto podem ser realizados de duas maneiras: *rex facta* ou *cantus compositus*, que significa seguir estritamente a partitura e *super librum cantare*, isto é, cantar além do que está escrito, ou seja, improvisar. As regras deveriam ser rigorosamente cumpridas no contraponto escrito, podendo dar margem a concessões na forma improvisada.

As regras contidas no tratado de Tinctoris envolvem, principalmente, o aspecto harmônico do contraponto, fixando normas para a utilização de consonâncias e dissonâncias, justificadas com base no que "soa agradável aos ouvidos", desprezando o "que soa mal". Esse enfoque mostra que seus princípios são fundamentados em práticas devidamente experimentadas, além de dar uma ideia clara dos padrões estéticos vigentes na época em que foi escrito o tratado. O aspecto linear do contraponto não merecia maior atenção para o estabelecimento de regras específicas, pelo fato de fluir naturalmente na prática composicional. Dessa forma, há um número consideravelmente menor de regras em relação à condução melódica das vozes do contraponto do que ao aspecto harmônico.

Além das regras relativas ao tratamento de consonâncias e dissonâncias, há no tratado de Tinctoris recomendações gerais sobre o contexto mais amplo da composição, enfatizando a necessidade de procurar a variedade na mudança constante das medidas de tempo, o que é facilmente identificável no amplo campo da polifonia que se abre nos estilos que surgem no período, no qual se desenvolvem tanto a simplicidade da canção popular, encontrada na obra de H. Isaac (1450-1517), e a complexidade acrobática do estilo de J. Ockeghem

CONTRAPONTO: O ENSINO E O APRENDIZADO NO CURSO SUPERIOR DE MÚSICA **27**

(1410-1497), quanto a *varietas* fluida de G. Dufay (1400-1474) e a melodia com acompanhamento, elaborada motivicamente por G. Binchois (1400-1460) (Motte, 1991, p.41).

Dentre os compositores do século XV, destaca-se Josquin des Près (1440-1521), músico franco-flamengo cuja obra inclui grande parte dos gêneros de composição da época, seguindo os princípios estritos da técnica contrapontística na música religiosa, e utilizando--os com maior flexibilidade na música secular, conforme os procedimentos comuns a seus contemporâneos. A obra de Josquin des Près teve grande difusão por toda a Europa, exercendo importância fundamental na música polifônica que se seguiu, no século XVI, na denominada Idade de Ouro da polifonia vocal.

As diferenças entre a música feita no século XV e a do século XVI residem mais nos conteúdos do que nas formas. Em ambos os períodos a produção musical incluía missas, motetos sacros e profanos e canções seculares: as *chansons,* as formas italianas como a *frottola* e o madrigal, assim como o *lied* alemão. Quanto ao conteúdo, o aspecto harmônico no século XVI foi consideravelmente enriquecido por uma variedade maior de combinações de consonâncias imperfeitas e de tratamento de dissonâncias, e o princípio da imitação, já utilizada no século XV, teve um papel decisivo na construção musical.

A teoria do contraponto no século XVI absorveu as novas características presentes na música, e teve como enfoques principais:

- A inclusão da composição a mais de duas vozes no mesmo corpo teórico que tratava do *contrapunctus simplex* e do *diminutus*; no século anterior, os princípios do contraponto eram direcionados para a composição a duas vozes, e o contraponto a mais de duas vozes era tratado separadamente, com diretrizes pouco claras em relação à sua utilização.
- A sistematização das técnicas de imitação e de inversão.
- A relação entre texto e música. Os compositores passaram a determinar na partitura a localização das sílabas do texto cantado, função anteriormente atribuída aos cantores.
- A ampliação das regras relativas ao tratamento de dissonâncias.

Esses enfoques estão presentes no tratado mais influente do período, *Le institutioni harmoniche* (1558), de Gioseffo Zarlino, que contém uma análise da técnica composicional usada na música sacra, particularmente fundamentada na música de A. Willaert (1490-1562), um dos principais compositores da escola veneziana, e mestre de Zarlino. Nicola Vicentino (1511-1572), também discípulo de Willaert, em 1555 escreveu *L'antica musica ridotta alla moderna prattica*, compêndio destinado a analisar a antiga música à luz das novas concepções da prática musical. Embora os escritos de Vicentino abordem questões pertinentes à técnica contrapontística, Zarlino fornece um material mais claro e rico em detalhes.

Zarlino ressaltou alguns requisitos para a elaboração de um bom contraponto ou de uma boa composição polifônica, atendo-se à importância do sujeito temático como ponto de partida para a composição e enfatizando que o sujeito influencia a escolha do modo a ser utilizado e, consequentemente, a coordenação das partes da polifonia. Quanto aos princípios harmônicos, Zarlino recomendava a criação de consonâncias pela combinação de terças e quintas, ou de seus equivalentes em outras oitavas, estabelecendo, dessa forma, a *harmonia perfetta*. Há ainda no tratado observações acerca do aspecto formal das composições, incluindo formação das cadências que separavam as seções do texto cantado, regras para a colocação do texto sob a linha melódica e as considerações sobre o movimento rítmico das vozes.

O século XVI abrange uma variedade de gêneros musicais, incluindo a música vocal religiosa e profana, além de evidenciar uma crescente produção na música instrumental. É incerto o alcance que tiveram as regras contidas no tratado de Zarlino em relação aos compositores de seu tempo. No entanto, na música religiosa podem ser observados muitos dos seus princípios, sobretudo no tratamento de consonâncias e de dissonâncias. As características mais marcantes de uma polifonia que se atém a princípios rígidos de escrita se encontram, especialmente, na obra de G. P. Palestrina, a qual foi tomada como modelo para o estudo do contraponto em períodos posteriores.

CONTRAPONTO: O ENSINO E O APRENDIZADO NO CURSO SUPERIOR DE MÚSICA **29**

Palestrina foi o músico da Contrarreforma, destinado a combater não somente o protestantismo, como a própria música da Igreja Católica, cada vez mais dada a excessos motivados pelo domínio técnico apurado e pelo enorme prazer de invenção que os compositores experimentavam em compor virtuosisticamente. O estilo de Palestrina busca a pureza estilística, o rigor nas regras, o equilíbrio. Trata-se de uma crítica às estrondosas composições renascentistas cada vez mais elaboradas. Seguindo os preceitos da Contrarreforma, tinha que ser equilibrado e sóbrio, valendo-se de regras estritas, como reflexo da postura que deveria caracterizar os fiéis, dentro de cânones e dogmas determinados pela Igreja.

Na música profana, vocal ou instrumental, há um tratamento polifônico consideravelmente mais flexível em relação às regras de Zarlino. O madrigal, principal forma de música secular italiana no século XVI, direciona a obra musical ao dramático e ao programático, iniciando um processo que impulsiona a submissão da música ao texto, e que culmina com o aparecimento da ópera, no final do século (Jeppesen, 1992, p.14).

As tendências expressivas claramente enfatizadas no madrigal determinaram novas concepções que regem a técnica composicional, que passou a admitir dissonâncias usadas mais livremente, assim como cromatismos em vários trechos das obras. A música instrumental, no início do século XVI, ainda não tinha um idioma específico, pois era estreitamente vinculada à música vocal; no decorrer do século, gradativamente, passou a desenvolver características próprias.

Grande parte da música instrumental consistia de danças escritas para alaúde, para instrumentos de tecla ou para conjuntos instrumentais. As danças, com estruturas rítmicas marcadas, tinham uma melodia principal extremamente ornamentada, sendo quase inexistente o jogo contrapontístico entre as linhas melódicas. Surgiram também no período composições para execuções solistas, desvinculadas das formas de dança. O caráter improvisatório dessas composições prenunciava a escrita instrumental barroca, que surgiu posteriormente (Grout & Palisca, 1994, p.263).

O material pedagógico relacionado à música instrumental era escrito em língua vernácula, pois se dirigia aos executantes e não aos teóricos. Os livros continham descrições dos instrumentos e instruções para tocá-los.

O tratado *Dialogo della musica antica e della moderna* (1581), de Vincenzo Galilei (1520-1591), contém a primeira tentativa sistemática de acomodar a teoria do contraponto às inovações na técnica de composição, especialmente utilizada nos madrigais. Porém, a sistematização das novas concepções musicais ocorreu somente no início do século seguinte.

Século XVII

Claudio Monteverdi (1567-1643) estabeleceu, em 1605, a distinção entre duas diferentes tendências na técnica composicional: *prima pratica* e *seconda pratica*. Na primeira, também chamada *stile antico* ou *stylus gravis,* encontra-se o estilo de polifonia vocal representado pelas obras de Willaert e codificado nos escritos de Zarlino, assim como a música de Palestrina. A segunda, tida como *stile moderno* ou *stylus luxurians,* inclui o estilo dos modernos italianos, como Cipriano de Rore (1516-1565), Luca Marenzio (1553-1599), e do próprio Monteverdi.

Na *prima pratica*, a música domina o texto, isto é, o texto cantado é subordinado a princípios estritos que regem tanto os direcionamentos melódicos e rítmicos quanto o tratamento de consonâncias e dissonâncias. Na *seconda pratica*, o texto domina a música, ou seja, a rigidez no cumprimento das regras do contraponto é abandonada em favor de elementos que, considerados proibitivos pelas regras, evidenciam as expressões contidas nos textos.

Dessa forma, as dissonâncias não são mais utilizadas como passagens para consonâncias, mas possuem uma independência relativa à expressão do texto que as conduz, com critérios bem mais flexíveis quanto à proximidade de passagens consonantes; os cromatismos são frequentes e o aspecto rítmico ganha elementos de contraste.

CONTRAPONTO: O ENSINO E O APRENDIZADO NO CURSO SUPERIOR DE MÚSICA

A *seconda pratica* prenuncia a nova estética musical que se estabeleceu no século XVII: a combinação polifônica foi, gradualmente, substituída por um estilo mais acórdico; os modos eclesiásticos utilizados no contraponto da Renascença foram substituídos pelas escalas maiores e menores; desenvolveu-se uma escrita específica para a música instrumental; foram introduzidos valores de notas menores que os utilizados anteriormente, criando movimentos rítmicos energéticos, que privilegiavam acentuações rítmicas expressivas, em contraste aos grandes arcos melódicos de evolução rítmica previsível que caracteriza a *prima pratica*.

Dentre as obras teóricas do século XVII, encontra-se *Miscellanea musicale*, escrita por Angelo Berardi de Viterbo (1681-1706), que, apesar de fazer uma distinção clara entre a música de seu tempo e a do século precedente, estabelece regras de contraponto praticamente idênticas às dos teóricos do século XVI. Jeppesen (1992) defende que os teóricos do século XVII, embora perfeitamente integrados à concepção da *seconda pratica*, de forma geral, não adaptaram as características do novo estilo à prática pedagógica.

É incerto, porém, determinar o papel efetivo das obras teóricas na instrução prática que, na época, era calcada na relação individual entre mestre e discípulo, o que, provavelmente, permitia um ensino que desse margem a um aprendizado de acordo com os recursos composicionais do momento.

Dentre as muitas inovações do início do século XVII há uma nova textura nas composições, na qual uma linha reforçada de baixo e uma voz aguda ornamentada são integradas por combinações acórdicas, que não são escritas com notas, e sim indicadas por cifras, tocadas por órgão, cravo ou alaúde. É o chamado Baixo Contínuo, utilizado tanto nas canções solistas quanto nos acompanhamentos de madrigais e conjuntos instrumentais.

A prática do acompanhamento feito por encadeamentos de acordes não implicou o abandono da escrita contrapontística, que ainda foi a base de grande parte das composições vocais e instrumentais, mas acrescentou-lhe outras referências: o contraponto passou a ser regido pelos acordes que alicerçavam a polifonia; a dimensão verti-

32 VERA HELENA MASSUH CURY

cal da polifonia passou a ser ponto de partida para a composição, e não se tratava mais de uma resultante do encaminhamento das vozes, como anteriormente.

Séculos XVIII e XIX

Da mesma forma que a teoria dos modos eclesiásticos na Idade Média foi impulsionada pela prática de sua utilização no Cantochão, a fundamentação teórica dos princípios da harmonia surgiu de sua aplicação prática, no século XVIII. A teoria do contraponto, que até o século XVII era a única espécie de instrução para a composição, passou a compartilhar sua posição dominante com a teoria da harmonia. Jean Philipe Rameau (1683-1764), em seu *Traité de l'harmonie réduite à ses principes naturels* (1722), introduziu a doutrina, então inovadora, da inversão dos acordes e os fundamentos das progressões harmônicas.

Em data bastante próxima ao tratado de Rameau, foi publicado em Viena, no ano de 1725, *Gradus ad Parnassum*, de autoria de Joseph Fux (1660-1741), destinado ao ensino do contraponto. Fux abandonou a música de seu próprio tempo ao elaborar um método de contraponto baseado na obra de Palestrina. Seu tratado, de cunho essencialmente prático, foi escrito em forma de diálogo entre um mestre (Palestrina) e um discípulo (ele próprio). Sua proposta pedagógica consistia em partir da relação mais simples entre duas vozes, para chegar à complexidade da composição a quatro vozes. Segundo descreve, é semelhante ao método pelo qual as crianças aprendem primeiramente as letras; depois, as sílabas; então, a combinação das sílabas e, finalmente, como ler e escrever (Mann, 1971, p.17).

Para cada tipo de escrita, a duas, três e quatro partes, estabelece as mesmas cinco espécies ou exercícios. Na primeira espécie, adiciona a um *cantus firmus* formado de semibreves uma linha melódica também de semibreves, de forma que o contraponto se move "nota contra nota", como no *contrapunctus simplex*, descrito por Tinctoris. Nessa espécie não são permitidas dissonâncias. Desse aspecto, os princípios de Fux se assemelham aos dos teóricos dos séculos XV e

XVI; o que o diferencia dos tratados anteriores é a forma gradual como chega ao *contrapunctus diminutus*, ou contraponto florido, no qual diferentes valores de notas e ritmos são usados de modo inteiramente livre. Esse tipo de contraponto, no método de Fux, corresponde à quinta espécie. Entre a primeira e a quinta espécies, apresenta gradualmente diferentes relações rítmicas.

Tendo como base um *cantus firmus* invariavelmente escrito em semibreves, estabelece a seguinte sequência das espécies: segunda espécie em mínimas, terceira espécie em semínimas e quarta espécie em mínimas sincopadas. A partir da segunda espécie, são permitidas as dissonâncias, com tratamentos específicos de acordo com cada relação rítmica entre contraponto e *cantus firmus*.

O tratado de Fux tornou-se forte referência no ensino do contraponto nos séculos posteriores; a sistematização do ensino em cinco espécies, com devidas diferenças de abordagens, compõe a base de grande parte de métodos de contraponto escritos até a atualidade. Os exemplos expostos a seguir, de autoria de Jeppesen (1992), ilustram as proporções rítmicas das cinco espécies:

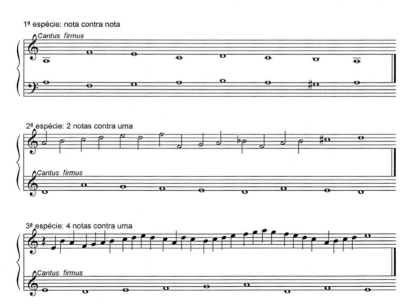

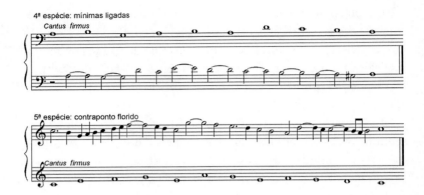

Na primeira metade do século XVIII, em meio ao desenvolvimento do sistema do baixo contínuo e da teoria da harmonia, a música polifônica é concebida de acordo com os novos parâmetros, e tem como expressão máxima a obra de Johann Sebastian Bach (1685-1750). Assim como ocorre com a música de Palestrina, a polifonia de Bach constitui um dos modelos que determinam a teoria contrapontística, servindo a fins pedagógicos no ensino do contraponto.

A obra de Bach mostra as possibilidades de exploração da técnica do contraponto nos vários gêneros musicais que compôs; das formas instrumentais e vocais surgidas no período, sua produção só não inclui a forma operística. Dessa forma, a música de Bach envolve tanto a escrita polifônica de vozes equivalentes em função estrutural – estilo *fugato* – quanto outro tipo de polifonia, o "contraponto concertante" (Sadie, 2001, p.565), encontrado sobretudo nas árias, nas quais a parte vocal, o instrumento concertante e o baixo contínuo realizam um contraponto distinto do estilo *fugato*, pois as partes têm funções diferentes dentro da composição.

Um dos primeiros escritos teóricos fundamentados na obra de J. S. Bach é o estudo *Grundgedanken über die verschiedenen Lehrarten in der Komposition* (1782), de autoria de Johann Phillipp Kirnberger (1721-1783), compositor alemão que, tendo sido aluno de Bach de 1739 a 1741, se empenhou em preservar o método de ensino de seu mestre, tanto na descrição de tal método em sua obra didática

CONTRAPONTO: O ENSINO E O APRENDIZADO NO CURSO SUPERIOR DE MÚSICA

quanto em suas atividades práticas como professor. Contrariamente aos métodos de ensino anteriores, como o de Fux, Kirnberger tem como ponto de partida a escrita a quatro vozes, assim justificado:

> É melhor começar com o contraponto a quatro partes porque é muito difícil escrever perfeitamente em duas ou três partes até que se tenha dominado a prática das quatro partes. Uma vez que a harmonia completa é sempre a quatro partes, alguma voz estará sempre faltando nas composições a duas ou a três partes, de modo que não se pode avaliar seguramente o que pode ser omitido na harmonia, nos diferentes casos que aparecem, a não ser que se tenha o conhecimento completo da escrita a quatro partes. (Jeppesen, 1992, p.44)

Para iniciar o contraponto a quatro vozes, Kirnberger estabeleceu princípios de harmonia tonal. Tais princípios incluem inversão de acordes, períodos harmônicos, cadências e modulação para tonalidades próximas ou distantes. É feita uma distinção entre "dissonâncias essenciais" – notas que não pertencem à tríade perfeita, mas que têm significado harmônico junto a determinado acorde, como a sétima dominante – e "dissonâncias não essenciais" – notas totalmente estranhas ao acorde, as quais obedecem a determinadas normas de utilização, da mesma forma que eram seguidas as regras de tratamento de dissonâncias na escrita contrapontística do período anterior. A sequência estabelecida por Kirnberger depois do início a quatro vozes tem continuidade com o contraponto a três e, por último, a duas vozes (Jeppesen, 1992, p.45).

No final do século XVIII e no início do XIX, o ensino do contraponto ainda era fundamentado no tratado de Fux, tendo se constituído nos rudimentos do estudo de composição para Haydn, Mozart e Beethoven, embora os escritos de Kirnberger estivessem mais próximos do universo musical do período.

A continuidade do trabalho de Kirnberger surgiu somente com *Lehrbuch des einfachen und doppelten Kontrapunkts,* de autoria de Ernst Friedrich Richter (1808-1879), publicado em 1872. Richter parte também da escrita a quatro vozes, acrescentando mais elemen-

36 VERA HELENA MASSUH CURY

tos aos princípios harmônicos apresentados por Kirnberger, estabelecendo três espécies que abrangem relações rítmicas que incluem divisões e subdivisões ternárias. Em 1888, surgiu *Lehrbuch des Kontrapunkts* (1888), escrito por Hugo Riemann, que se inicia com contraponto a duas partes e, gradualmente, aumenta o número de vozes, à maneira de Fux, porém se fundamenta no estilo de Bach, seguindo princípios de harmonia tonal.

O ensino do contraponto em diferentes contextos da educação musical

Observa-se que as teorias do contraponto que se estabeleceram no decorrer da história, assim como suas abordagens pedagógicas assumem diferentes sentidos funcionais de acordo com a época em que surgiram. Numa perspectiva histórica, o contraponto que, do início da polifonia até o século XVII, era a essência da técnica da composição, passou a ser apenas mais um dos recursos composicionais no universo musical, que se ampliava consideravelmente desde o aparecimento do estudo da harmonia.

O estudo do contraponto, na época de Tinctoris ou de Zarlino, tem um sentido significativamente diferente do que é feito a partir de Fux até o momento atual. Enquanto nos séculos XV e XVI as leis do contraponto remetiam a uma aplicação prática imediata na composição, o método de Fux, no século XVIII, apresenta princípios fundamentados numa concepção técnica que, naquele momento, já era superada pelas estruturas harmônicas e formais que dominavam as tendências musicais.

Situação idêntica ocorre com os escritos de Kirnberger e, principalmente, de Richter ou de Riemann em relação à época em que foram concebidos; a música produzida na segunda metade do século XVIII e no século XIX, instrumental ou vocal, guarda uma distância estilística considerável do contraponto bachiano, embora grande parte dos desenvolvimentos temáticos encontrados nas obras desse

CONTRAPONTO: O ENSINO E O APRENDIZADO NO CURSO SUPERIOR DE MÚSICA 37

período tenha sido elaborada dentro de uma escrita muito próxima do estilo *fugato*. De qualquer forma, a técnica contrapontística em tais condições não se configura como a técnica que fundamenta a composição como um todo.

Pode-se concluir que o ensino do contraponto, que era o próprio ensino da composição até o século XVII, torna-se, a partir do século seguinte, um dos ramos do conhecimento musical, igualmente ao que é hoje assumido, como disciplina histórica. Essa concepção do contraponto é plenamente estabelecida com o surgimento dos primeiros conservatórios, no século XIX.

Até então, a educação musical era realizada de duas maneiras: por meio da relação individual entre um mestre e um discípulo, e como ensino coletivo nas igrejas, restrito a formar músicos para servir aos propósitos religiosos. Em qualquer uma das formas de educação, a instrução do contraponto tinha um caráter eminentemente prático, tanto na transmissão de conhecimentos de composição do mestre para o discípulo quanto na preparação dos aprendizes para que fossem hábeis na função de cantar, tocar instrumentos ou reger nos cultos, nas instituições educacionais dentro das igrejas.

O ensino sistemático teórico/prático de composição somente começou quando o número de não profissionais desejosos de aprender aumentou tanto que a orientação individual tornou-se impossível, dando lugar ao ensino coletivo e à instrução em massa (Fonterrada, 2001, p.77). Os vários aspectos do conhecimento musical, que outrora eram naturalmente integrados na condução de uma instrução objetiva, passaram a ter abordagens distintas.

Nos conservatórios foram determinadas as disciplinas básicas para o ensino da composição: harmonia, contraponto e formas musicais. A essas disciplinas, desde então, foram acrescentadas outras, cuja importância, determinada pela evolução da própria música, geraram um maior volume de informações para a estruturação de uma formação musical abrangente.

Hoje, na maior parte das escolas, com pequenas variações, essa formação não se restringe à área de composição, mas se estende à preparação de estudantes de música em geral, incluindo os que se dedicam ao estudo de instrumento e de canto.

Atualmente, a disciplina Contraponto é inserida na grade curricular da maior parte das escolas de terceiro grau, e envolve teoria e prática; são estabelecidos princípios teóricos que devem ser seguidos no exercício prático de escrita. Por se tratar de uma disciplina histórica, trabalha com um material preestabelecido, quase sempre distante do universo musical que referencia os alunos hoje.

Dessa perspectiva, caberia ao ensino do contraponto, naturalmente, a designação de "pós-figurativo", segundo o pensamento de Koellreutter; o ensino pós-figurativo se restringe a transmitir os conhecimentos herdados, atendo-se a um conteúdo único e inquestionável. Esse tipo de ensino, que se evidencia nos primeiros conservatórios do século XIX, inspirou grande número de educadores, que tiveram suas formações dentro desses parâmetros, a criar um material didático que determinasse outras concepções para o ensino do contraponto.

A literatura pedagógica escrita ao longo do século XX tem propostas que abrem possibilidades de se conduzir o ensino como "pré-figurativo", ou seja, cumprindo a função de dar suporte aos estudantes para que se situem na realidade presente, e que possam "intervir num mundo de constantes transformações, tornando-os capazes de criar o futuro e inventar possibilidades inéditas" (Koellreutter, 1997b, p.54).

Os enfoques didáticos dos autores do século XX

Há uma diversidade significativa, em vários aspectos, no material didático produzido no século XX. Para discutir os pontos mais determinantes do ensino, foram selecionadas quatorze obras consideradas representativas da multiplicidade de enfoques que podem orientar, hoje, as ações educacionais:

CONTRAPONTO: O ENSINO E O APRENDIZADO NO CURSO SUPERIOR DE MÚSICA **39**

Benjamin. *The craft of modal counterpoint*, 1979;
Benjamin. *Counterpoint in the style of J. S. Bach*, 1986;
Carvalho. *Contraponto modal* – Manual prático, 2000;
Carvalho. *Contraponto tonal e fuga* – Manual prático, 2002;
Jeppesen. *Counterpoint* – The polyphonic vocal style of the sixteenth century, 1992;
Kennan. *Counterpoint based on eighteenth century practice*, 1999;
Koellreutter. *Contraponto modal do século XVI (Palestrina)*, 1996;
Krenek. *Modal counterpoint in the style of the sixteenth century*, 1959;
Krenek. *Tonal counterpoint in the style of the eighteenth century*, 1958;
Motte. *Contrapunto*, 1991;
Owen. *Modal and tonal counterpoint*, 1992;
Piston. *Counterpoint*, 1947;
Schoenberg. *Exercícios preliminares de contraponto*, 2001;
Tragtenberg. *Contraponto* – Uma arte de compor, 1994.

É clara a intenção de alguns autores de imprimir ao ensino do contraponto um sentido dinâmico, que seja de utilidade prática aos estudantes. O livro de Schoenberg (2001, p.242), *Exercícios preliminares de contraponto,* editado postumamente, contém um prefácio incompleto escrito por ele, em 1936, no qual determina sua proposta de não considerar o contraponto uma teoria, mas um método de treinamento, visando não só ao desenvolvimento da habilidade na condução das vozes, mas também à introdução aos princípios artísticos e composicionais, para que o aluno reconheça até que ponto esses princípios são duradouros na arte.

W. Piston (1947) observou que o objetivo essencial do estudo técnico em música (no qual se inclui o contraponto) é descobrir como a música foi escrita. Há uma complementação dessa ideia em Diether de la Motte (1991, p.vii), anos depois, que define seu livro como um manual que deve oferecer "em forma de instruções somente o que se pode deduzir das grandes obras, somente o que resulta de imediata evidência para o leitor e que é controlável por este".

40 VERA HELENA MASSUH CURY

Por um lado, Schoenberg se atém a princípios básicos composicionais, fundamentados em obras musicais consagradas, embora sem mostrar e discutir qualquer uma dessas obras; por outro, Piston e Motte partem exatamente de exemplos das grandes obras, das quais derivam suas análises e são extraídos os princípios de escrita. Aparentemente divergentes, as duas perspectivas têm um mesmo fim: dotar o estudante de recursos técnicos, tendo em vista despertar a consciência para a sua realidade temporal.

Uma preocupação constante encontrada entre os autores diz respeito ao estabelecimento ou não de regras, numa tentativa de se desvencilhar dos conceitos do passado em relação ao ensino que era praticado. Schoenberg (2001, p.243) afirma que "não há dúvida alguma de que as regras e leis dessa arte nunca mais aparecerão ao nosso entendimento como algo imutável". Motte (1991, p.vii) pretende que seu livro "não imponha regras nem transmita como dogma de fé as normas tradicionais". Ainda, Lívio Tragtenberg (1994, p.17) parte de que "é preciso depurar e extrair apenas a essência da técnica sem perder tempo com regras caducas e ineficazes para o ouvido contemporâneo". Koellreutter (1996, p.8) não contesta as regras, mas as distingue como estilísticas, didáticas e estéticas, e assim as define:

> Estilísticas: caracterizam o estilo de uma determinada época ou o estilo particularizado de um compositor. Devem ser seguidas com o máximo rigor;
> Didáticas: facilitam a apreensão das regras estilísticas;
> Estéticas: visam à conscientização de princípios artístico-musicais subjetivos.

De qualquer forma, como regras, leis ou sugestões, independentemente de como sejam denominados, os princípios do contraponto constituem sua base de ensino. O que é discutível, como atestam os autores do século XX, é a maneira como são encaradas as normas da escrita contrapontística.

Partindo-se de que o universo da música hoje é um universo relativo, no qual as relações estruturais não são definidas por critérios absolutos, mas obedecem a uma organização que pressupõe esquemas variáveis, não seria concebível à educação contemporânea, segundo Boulez (1972), impor os princípios do contraponto como leis eternas e inquestionáveis, e sim contextualizá-los no momento histórico a que pertencem, buscando a compreensão de seus reais significados musicais. De acordo com Stravinsky (1971, p.78), a tradição "surge--nos como uma herança, um legado que se recebe com a condição de o fazer frutificar, antes de o passar para os nossos descendentes".

As linhas de ensino quanto aos tipos de contraponto

Há, entre os autores, divergências quanto ao tipo de contraponto que deve ser abordado no ensino. Grande parte do material didático tem como enfoque um modelo de estilo, fundamentado na obra de um compositor específico. Esse tipo de enfoque recai, especialmente, sobre a música de G. P. Palestrina ou de J. S. Bach. Há ainda autores que designam o contraponto como modal, tonal ou atonal, não se atendo a um determinado compositor. E uma terceira corrente considera o contraponto numa perspectiva histórica, englobando vários estilos e compositores.

O modelo de Palestrina e o contraponto modal

O estilo de Palestrina exerce grande atração entre os estudiosos do contraponto, embora o período ao qual pertence – final do século XVI – abranja uma variedade de estilos, no geral mais inovadores, tanto no aspecto rítmico quanto nas conduções melódicas e harmô-nicas. Palestrina tem uma escrita contrapontística rígida, alheia à expansão experimental dos meios de expressão artística de seu tempo, e sua obra é quase inteiramente composta de música religiosa, naturalmente concebida com maior rigor do que a música secular. Em contrapartida, consegue assimilar em seu estilo os recursos com-posicionais explorados na música vocal por quase dois séculos, atin-gindo um padrão ideal de vozes *a capella*. Os princípios do contraponto palestriniano são fundamentados nesse padrão, cuja textura é composta de contornos melódicos e rítmicos extremamente simples,e o aspecto harmônico obedece a um estrito controle de consonâncias e dissonâncias.

No século XX, desponta como grande pesquisador da obra de Palestrina Knud Jeppesen, autor dinamarquês que viveu entre 1892 e 1974. Em 1922, Jeppesen defendeu sua tese na Universidade de Viena, *The style of Palestrina and the dissonance*, posteriormente aumentada e publicada. Seu livro de caráter didático, *Counterpoint – The polyphonic vocal style of the sixteenth century* (1992), inteiramente baseado nas leis derivadas do estilo de Palestrina, foi publicado pela primeira vez em 1931.

A preocupação central de Jeppesen é fornecer ao leitor dados precisos a respeito das características da música palestriniana, contextualizada histórica e tecnicamente. Jeppesen representa uma referência significativa para os autores que criaram obras didáticas ao longo do século XX.

Atualmente, o material didático denominado "contraponto modal" refere-se basicamente ao contraponto palestriniano, com pequenas variações em relação à colocação das normas do contraponto. Dos livros surgidos na segunda metade do século XX, observa-se que não há a preocupação de dar uma visão tão profunda da técnica contrapontística quanto Jeppesen.

Surgiram manuais concisos, como *Modal counterpoint in the style of the sixteenth century*, de Ernst Krenek (1959). Krenek determina que as regras que estabelece não se atêm ao rigor de Palestrina, mas se estende à prática menos estrita de compositores como Orlando de Lasso e Tomás Luis de Victoria, fixando seus princípios, como os outros autores que se dedicam ao contraponto modal, no âmbito da música vocal de caráter religioso. Essa preferência pelo religioso sobre o profano tem raízes em questões puramente práticas; a música religiosa, mais limitada a cânones estritos, mostra mais possibilidades de ser imitada como modelo do que a música profana, que tem um caráter mais livre de escrita contrapontística.

Os autores desse período apresentam, como Krenek, a proposta de elaborar um material que possa ser utilizado num espaço de tempo determinado, o que reflete que as obras são escritas por educadores que se dedicam à prática do ensino, portanto fundamentadas em experiências pedagógicas. Essas experiências evidenciam a necessidade que se manifesta nas ações educacionais do ensino do século XX de ter disponíveis compêndios ou manuais didáticos nos quais as regras são trabalhadas em forma de exercícios. Nos séculos anteriores não havia tal necessidade, pois o aluno tinha a instrução individualizada de seu mestre, e tanto as regras quanto os exercícios eram forjados praticamente.

Outro livro que de início expõe a preocupação com o aspecto prático do ensino é *The craft of modal counterpoint*, de Thomas Benjamin (1979). O autor afirma que o estilo de Palestrina está intimamente associado às técnicas e aos recursos composicionais empregados por seus contemporâneos, o que torna esse estilo uma "prática comum" internacional. O livro é farto em exemplos extraídos do repertório de música vocal do final do século XVI, com análises de composições de Palestrina, Lasso, Victoria e Byrd.

Das publicações nacionais, há duas obras dedicadas ao contraponto modal, surgidas nas últimas décadas: *Contraponto modal do século XVI (Palestrina)*, de H. J. Koellreutter (1996) e *Contraponto modal – Manual prático*, de Any Raquel Carvalho (2000).

Koellreutter tem como objetivo proporcionar o aprendizado de forma prática e condensada, eficiente e racional; procede de maneira concisa na exposição das normas do contraponto, assim como na apresentação dos exemplos musicais, em sua maioria de Palestrina. O livro de Carvalho tem a proposta de uma abordagem histórica, teórica e prática do contraponto modal; discute a importância do estudo do contraponto modal e a necessidade ou não do estudo de harmonia como pré-requisito para o aprendizado do contraponto. No final do livro, há uma bibliografia comentada, na qual sintetiza o pensamento de vários autores de livros destinados ao contraponto. A bibliografia comentada e as discussões que propõe são fruto de

O modelo de Bach e o contraponto tonal

O estilo de Bach apresenta muitas facetas de sua técnica composicional, e determinar leis e regras a partir de sua escrita contrapontística torna-se uma tarefa mais difícil, comparativamente ao estilo de Palestrina, que deixou obras com características mais similares. De Kirnberger até a atualidade, muitos livros abordam o contraponto tonal e, embora tenham fundamentos na escrita bachiana, abrangem estilos de outros compositores, contemporâneos ou não de Bach, mas que pertencem ao universo do idioma tonal.

Um exemplo de obra didática, no entanto, que não cita exemplos de compositores, mas fixa como base de ensino os modos maior e menor, é *Exercícios preliminares de contraponto*, de A. Schoenberg (2001). O livro de Schoenberg teve origem em suas aulas de contraponto ministradas na Universidade da Califórnia, iniciadas em 1936. Foi abandonado no estágio de finalização por ocasião de sua morte em 1951, tendo sido completado por Leonard Stein, que participou como aluno de suas aulas na Califórnia e foi o editor da primeira publicação do tratado, em 1961.

Embora se atenha aos princípios da tonalidade, Schoenberg inicia o contraponto a duas vozes com o estabelecimento de regras provenientes do contraponto modal. Sua proposta didática é que sejam observados rigidamente os princípios estritos de início, os quais se tornam mais flexíveis à medida que o aluno esteja mais familiarizado com os procedimentos empregados.

Em 1947, surgiu *Counterpoint*, de Walter Piston, com características bem diferentes das de Schoenberg. Piston ressalta a importância do estudo dos dois tipos de contraponto, modal e tonal, para músicos e estudantes de música, no geral. Considera, no entanto, que há obras didáticas excelentes e em número suficiente para o estudo do contraponto palestriniano, o que tornaria supérflua qualquer con-

CONTRAPONTO: O ENSINO E O APRENDIZADO NO CURSO SUPERIOR DE MÚSICA **45**

tribuição dirigida a esse tema. Por essa razão, seu livro é dedicado ao contraponto tonal.

Embora afirme que Bach seja um dos símbolos da polifonia, e que sua escrita constitua o ideal da técnica contrapontística, Piston não se atém exclusivamente ao estilo bachiano em seu tratado; recorre a exemplos, para análise e discussão, de obras dos séculos XVIII e XIX. Ressalta que, embora não se possa afirmar que há uma prática contrapontística comum entre os compositores nos últimos três séculos, as diferenças não estão nos elementos e nos princípios, mas no grau de suas aplicações.

Em 1958, Krenek publicou *Tonal counterpoint in the style of the eighteenth century*, manual tão conciso quanto seu material destinado ao contraponto modal. Krenek compôs os exemplos que utilizou em seu livro, não se atendo ao estilo específico de Bach ou de outros autores.

Publicado pela primeira vez em 1959, *Counterpoint based on eighteenth century practice*, de Kent Kennan (1999), é um livro que sistematiza os princípios do contraponto tonal principalmente fundamentados na escrita de Bach, mas fornece exemplos extraídos de obras de outros compositores barrocos, recorrendo mesmo a composições posteriores ao período para ilustrar os procedimentos técnicos expostos. Kennan, assim como Piston, cita o estudo do contraponto modal como de extrema importância; porém, sugere como melhor forma iniciar o estudo com o contraponto tonal, por ser mais familiar aos estudantes do que o idioma modal.

Com enfoque inteiramente voltado à música de Bach, surgiu em 1986 *Counterpoint in the style of J. S. Bach*, de Thomas Benjamin, mesmo autor do livro *The craft of modal counterpoint*, citado anteriormente. Benjamin justifica sua abordagem exclusiva na escrita bachiana, afirmando que alguns livros de contraponto tonal são excessivamente difusos em termos de estilo, ao reunir estilos separados em cronologia, estética e técnica, o que acaba por confundir o estudante. Sua proposta é que seu livro possa ser utilizado não somente como um estudo de técnica contrapontística, mas também como um modelo de análise estilística, passível de ser transferido para a música de outros compositores ou de outros períodos históricos. O livro é fartamente ilustrado com exemplos de Bach, especialmente de obras para teclado. As análises e os princípios do contraponto bachiano determinados por Benjamin têm uma abundância de detalhes comparável ao tratamento dado por Jeppesen (1992) à música de Palestrina.

De 1994, *Contraponto – Uma arte de compor*, de Lívio Tragtenberg, tem como proposta transmitir de forma direta e prática a técnica do contraponto fundamentada na tonalidade, abordando a prática vocal clássica e sua aplicação instrumental livre. O autor determina as diretrizes do contraponto a duas vozes com base nos modos maior e menor, com características semelhantes às contidas no livro de Schoenberg (2001). Em relação ao contraponto instrumental, há uma exposição detalhada da organização da linha melódica, na qual são citados diferentes estilos de música tonal.

Contraponto tonal e fuga – Manual prático, de Any Raquel Carvalho (2002) objetiva fornecer um guia prático dos princípios básicos do contraponto tonal, e é direcionado tanto a alunos que já estudaram o contraponto modal quanto aos que estão iniciando o estudo do contraponto. Várias obras de Bach são apresentadas como referência para análise, além de exemplos didáticos extraídos de livros de outros autores como Krenek (1958), *Tonal counterpoint in the style of the eighteenth century*, e Morris (1935), *The structure of music/An outline for students*.

Abrangência de estilos diversos numa perspectiva histórica

No final do século XX, surgiram duas obras didáticas que propõem uma nova concepção ao ensino do contraponto, tradicionalmente fundamentado nos modelos de Palestrina ou Bach: *Contrapunto*, de Diether de la Motte (1991), e *Modal and tonal counterpoint – From Josquin to Stravinsky*, de Harold Owen (1992). Os dois

CONTRAPONTO: O ENSINO E O APRENDIZADO NO CURSO SUPERIOR DE MÚSICA **47**

autores traçam, com enfoques diferentes, um histórico da técnica contrapontística.

Motte estabelece três pilares para o ensino do contraponto: Josquin des Près, Bach e a Nova Música, que engloba o período de 1910 a 1970. Tendo editado anteriormente a esse trabalho um livro de harmonia nas mesmas bases, o autor faz comparações entre a harmonia e o contraponto, ressaltando que na harmonia os estilos obedecem ao desenvolvimento e à transformação de um processo, o que remete a um estudo que siga a sequência da evolução histórica; o contraponto, por sua vez, permite um estudo mais flexível quanto à sequência seguida, pois as técnicas contrapontísticas que se estabeleceram no decorrer da história independem das anteriores.

Dessa forma, é possível elaborar um curso de contraponto baseado na Nova Música, por exemplo, sem que os alunos tenham estudado Josquin ou Bach. O livro se inicia com o contraponto do período gótico e se conclui com autores do século XX, como Zimmermann, Ligeti e Lutoslawski. Nos capítulos dedicados a Josquin e a Bach, Motte (1991) expõe unicamente o contraponto a duas vozes, e no capítulo que trata da Nova Música acrescenta exemplos da literatura pianística. O livro, segundo o autor, não é um compêndio de preceitos, mas se trata de uma reflexão sobre a música, na qual a descrição, a análise, a interpretação e as instruções sobre técnica compositiva se integram numa só unidade.

Owen (1992) parte do fato de que o estudo do contraponto limitado aos estilos de Palestrina ou Bach nega ao estudante uma compreensão do desenvolvimento histórico do contraponto, pois estilos de outros compositores, igualmente importantes, são ignorados. A proposta do livro é apresentar o desenvolvimento da técnica contrapontística, do século XVI até a primeira metade do século XX, numa abordagem histórica e estilística. Da mesma forma que Motte, Owen sugere que não há necessidade de que seja obedecida a sequência determinada nos capítulos do livro, ficando a cargo do educador a opção pela orientação mais conveniente. O autor parte sempre de exemplos musicais, seguidos de questões propostas para discussão em aula, para depois incluir informações e estabelecer conceitos.

48 VERA HELENA MASSUH CURY

A metodologia das espécies

Sistematizada por Fux em 1725, a metodologia das espécies consta de grande parte dos livros destinados ao ensino do contraponto, modal ou tonal. Dentre a bibliografia citada, as metodologias se dividem: no contraponto modal, Jeppesen (1992), Koellreutter (1996) e Carvalho (2000) utilizam as espécies; Krenek (1959) e Benjamin (1979) têm outras propostas – Krenek faz, no final de seu livro, uma breve síntese do sistema das espécies, mas não as utiliza como metodologia; no contraponto tonal, as espécies são adotadas por Schoenberg (2001), Kennan (1999), Tragtenberg (1994) e Carvalho (2002), não constando das obras de Piston (1947), Krenek (1958) e Benjamin (1986). Owen (1992) apresenta as espécies no capítulo dedicado à Renascença.

O sistema das espécies, de Fux até a atualidade, sofreu várias modificações, sem perder, no entanto, o caráter de apresentar os recursos contrapontísticos passo a passo, de acordo com combinações rítmicas diversas, tendo como base para os exercícios de escrita um *cantus firmus* predeterminado. A ideia fundamental do sistema, conforme Jeppesen (1992), é tornar o problema rítmico o mais simples possível, para que se possa concentrar mais intensamente nos elementos puramente melódicos.

Motte (1991) é radicalmente contrário a essa metodologia, afirmando que as espécies são uma abstração de exceções, de situações extraordinárias, e não a transmissão de circunstâncias usuais no processo composicional. Ressalta que a proporção rítmica da segunda espécie, por exemplo, duas notas contra uma, é raramente encontrada na música de Josquin ou de Palestrina; mesmo a síncopa, que é utilizada com frequência no repertório renascentista, não consta nas composições da forma como na quarta espécie, que consiste de uma sequência exclusivamente de mínimas ligadas. Motte (1991, p.xiii) assegura que nas quatro primeiras espécies, as quais chama de espécies mecânicas, "não é possível investir a menor imaginação musical. Não obstante, se alguém tentar fazê-lo, como propõem alguns manuais, estará pensando numa falsa música".

Benjamin (1986) considera as espécies, além de abstratas, antimusicais e ineficientes.

Os partidários das espécies apoiam-se no fato de que essa metodologia garante o processo gradativo do aprendizado, sendo uma forma prática de assimilar os meios para a composição de vozes simultâneas. Defendem-se ainda de outras objeções feitas à metodologia, como a de limitar a criatividade do aluno.

Quanto a esse aspecto, Carvalho (2000, p.12) sustenta que, habitualmente, a disciplina Contraponto é oferecida nos primeiros anos dos cursos de graduação, quando os alunos, no geral, ainda não possuem "conhecimentos suficientes de composição que possam vir a ser limitados, nem ferramentas para tal criatividade".

Jeppesen (1992) menciona que o sistema de Fux é contestado por privilegiar o aspecto harmônico em detrimento do linear, resultando num contraponto no qual as vozes não seguem nenhuma tendência melódica, ficando paralisadas, especialmente no caso da primeira espécie, na relação de nota contra nota.

A defesa de Jeppesen (1992, p.xv) parte do fato de que "a falha não é do sistema em si, mas da aplicação inadequada de seu poder latente". Ressalta que as críticas se atêm aos exemplos dados como modelo por Fux e por seus seguidores, nos quais o valor polifônico resulta superficial.

A razão de tal superficialidade, segundo aponta Jeppesen especialmente com referência a Fux, reside no fato de haver uma relação remota entre esse e a música de Palestrina, por três motivos: primeiramente, embora Fux declare fundamentar-se na música de Palestrina em seu tratado, deve ter conhecido poucas de suas obras, que não eram comumente disponíveis no século XVIII; além disso, ele dependia dos teóricos italianos, que ensinavam contraponto mais como harmonia; e por fim, involuntariamente, permitiu que o idioma musical de seu tempo se refletisse em sua teoria.

O sistema das espécies comporta diferentes abordagens, tanto com referência ao contraponto modal quanto ao tonal. A seguir, serão discutidas as metodologias dos autores que partem do sistema das

50 VERA HELENA MASSUH CURY

espécies nos dois tipos de contraponto, e as alternativas apresentadas pelos outros autores.

Contraponto modal e o sistema das espécies

No geral, os enfoques das espécies nos livros de contraponto modal são similares quanto à apresentação das proporções rítmicas; na bibliografia selecionada, somente a abordagem de Owen (1992) foge ao modelo de Fux nesse aspecto. Há diferenças, no entanto, nos capítulos introdutórios, no estabelecimento de algumas regras e no desenvolvimento do trabalho depois das espécies a duas vozes.

Capítulos introdutórios

Jeppesen (1992) introduz as espécies após uma primeira parte do livro, da qual constam dois capítulos: um dedicado ao histórico da teoria contrapontística até o início do século XX, e outro, às características técnicas do contraponto palestriniano. O capítulo que trata das características técnicas, após uma exposição da evolução da notação e dos modos litúrgicos, envolve vários aspectos da composição contrapontística, abrangendo direcionamento melódico, condução rítmica e disposição harmônica dos intervalos. A segunda parte do livro se inicia com alguns exemplos de *cantus firmi*, que podem ser utilizados no decorrer do estudo e estimula professores e alunos a compor outros, baseados nos exemplos sem estabelecer, nesse momento, regras para tal composição.

O livro de Koellreutter (1996) tem, como introdução, exemplos da literatura musical que ilustram a evolução do contraponto, do *organum melismático* até Webern, acompanhados de um texto sucinto. Em seguida, apresenta notas preliminares para o estudo, nas quais são enfocados os modos litúrgicos e suas alterações correspondentes à *musica ficta* – as transposições dos modos e a classificação dos intervalos harmônicos como consonantes ou dissonantes. Antes das espécies, Koellreutter dedica um capítulo à composição do *cantus*

CONTRAPONTO: O ENSINO E O APRENDIZADO NO CURSO SUPERIOR DE MÚSICA 51

firmus, com normas para sua elaboração, adiantando as diretrizes de condução melódica da linha de semibreves, a ser vista na primeira espécie.

Carvalho (2000) inicia seu livro com um texto sobre o desenvolvimento da polifonia até o século XVII. Há um capítulo dedicado aos modos eclesiásticos, no qual são incluídos exemplos da literatura gregoriana, alterações relativas à *musica ficta* e transposição dos modos. As espécies são apresentadas depois de considerações preliminares, que incluem a explicação do sistema das espécies e o estabelecimento de intervalos melódicos e harmônicos utilizados no contraponto.

Com uma linha de ensino que difere dos autores citados, Owen (1992) inclui, na sequência de sua perspectiva histórica do contraponto, três capítulos dedicados aos princípios básicos do estilo do século XVI, nos quais apresenta as cinco espécies. Três capítulos antecedem essa exposição: no primeiro, são apresentados os conceitos gerais da música polifônica; no segundo, há uma análise comparativa de exemplos musicais do século XIV ao XX; no terceiro, tomando por base um moteto de Orlando de Lasso, são introduzidas breves considerações acerca dos aspectos melódico, harmônico e temporal do contraponto que fundamenta as espécies.

Apresentação das espécies

Jeppesen (1992) introduz todas as espécies a duas vozes, excetuando-se a quarta, com princípios que regem a condução melódica, com exercícios preparatórios, cuja proposta é trabalhar as linhas melódicas das espécies individualmente, sem *cantus firmus*, para assimilar as características melódicas dos valores rítmicos correspondentes a cada espécie. A quarta espécie, segundo Jeppesen, tem um caráter mais vertical do que linear, e por essa razão não necessita de exercícios preliminares. As espécies a três e quatro vozes incluem mesclas das espécies, ou seja, sobre um *cantus firmus* são utilizadas diferentes espécies num mesmo exercício.

Koellreutter (1996) expõe as diretrizes das espécies, iniciando com o aspecto melódico correspondente ao valor rítmico de cada espécie para depois enfocar o aspecto harmônico. Na introdução do contraponto a três e mais vozes, Koellreutter determina combinações intervalares possíveis para a realização do contraponto, por meio de matrizes que contêm os números correspondentes aos intervalos. A apresentação das espécies inclui as mesclas utilizadas por Jeppesen (1992).

O livro de Carvalho (2000) apresenta os princípios das espécies com normas correspondentes aos aspectos melódico e harmônico sem se ater à sequência vista nos livros de Jeppesen e Koellreutter. No final da exposição de cada espécie, há sugestões de *cantus firmi* para os exercícios práticos. A autora não vai além do contraponto a duas vozes, pois sua proposta é fornecer o material didático a ser utilizado num semestre de curso.

Na abordagem de Owen (1992), as espécies não são apresentadas unicamente na forma estabelecida por Fux, mas expandidas ritmicamente, para que tenham, de acordo com o autor, resultados mais musicais. Dessa maneira, as formas expandidas mantêm as proporções rítmicas correspondentes a cada espécie, mas comportam variações quanto aos valores de duração utilizados – as duas linhas do contraponto têm movimento rítmico, não havendo um *cantus firmus* constituído de valores fixos. Assim como procede em todos os outros capítulos, Owen parte sempre de um exemplo musical, propõe questões para discussão e depois determina os princípios que devem ser seguidos nos exercícios.

Desenvolvimento do estudo depois das espécies a duas vozes

No livro de Jeppesen (1992), depois da quinta espécie a duas vozes, são determinadas as normas para a composição do contraponto livre a duas partes sem *cantus firmus* e, em seguida, as regras para a colocação de texto. Os exemplos do contraponto livre são apresen-

CONTRAPONTO: O ENSINO E O APRENDIZADO NO CURSO SUPERIOR DE MÚSICA **53**

tados com frases de textos, colocadas nas duas vozes. O capítulo se encerra com os tipos de imitação, havendo a proposta, como exercício prático, de se comporem trechos imitativos a duas vozes sobre *Kyrie Eleison*, conforme exemplos dados, elaborados pelo autor, com alguns motivos gregorianos e outros extraídos de obras de Palestrina.

Os dois capítulos dedicados às espécies a três e quatro vozes se encerram com princípios de imitação. Depois de três e quatro vozes, é exposto o contraponto a mais de quatro vozes, e somente nos últimos capítulos são abordadas as formas de composição, como o cânone, o moteto, as partes da missa e a fuga vocal, com exemplos completos de Palestrina. O livro é finalizado com um sumário de leis e regras mais importantes, sintetizando toda a teoria que foi abordada em detalhes nos capítulos precedentes.

Koellreutter (1996) expõe, depois das cinco espécies a duas vozes, as normas para a composição sem *cantus firmus*, os princípios de imitação e o cânone a duas vozes. O contraponto a duas vozes se encerra com um capítulo destinado à composição do moteto, do qual consta uma retomada da linha melódica vista na quinta espécie, considerações a respeito do sistema métrico empregado no estilo em questão e regras para a colocação de texto, finalizando-se com o exemplo de um moteto de Orlando de Lasso.

O contraponto a três e a quatro vozes é ilustrado com exemplos de Palestrina, incluindo uma análise comparativa entre dois motetos, um a quatro e outro a cinco vozes, e um trecho do *Stabat Mater*, a oito vozes. No capítulo final há uma síntese das normas contrapontísticas vistas nos capítulos precedentes.

Carvalho (2000) apresenta, em seguida às espécies a duas vozes, regras para colocação de texto, não havendo a abordagem da composição a duas vozes sem *cantus firmus*. O livro se encerra com exemplos da literatura musical que abrangem cantos gregorianos em modos diversos e motetos a duas vozes de Orlando de Lasso.

Owen (1992), depois da exposição das espécies, dedica um capítulo ao moteto a duas partes, no qual inclui colocação de texto e considerações sobre a estrutura formal da composição. O capítulo seguinte trata da música secular a duas partes, tomando como base um duo instrumental de Giovanni Gastoldi (1550-1622) e uma canção de Thomas Morley (1557-1602). Na sequência, é apresentado o contraponto a três vozes, com exemplos de um moteto de Palestrina, de uma canção de Thomas Weelkes (1576-1623) e de uma fantasia de William Byrd (1543-1623).

A exposição do contraponto a quatro vozes inclui um *passamezzo* (dança com variações) da *Opera nova di balli* (1550), um *Kyrie* de Tomás Luis de Victoria (1548-1611) e um madrigal de Arcadelt (1505-1568). O capítulo seguinte trata da polifonia a mais de quatro partes, e apresenta um madrigal de Orlando Gibbons (1583-1625), um moteto de Melchior Franck (1573-1639) e uma *canzona* de Giovanni Gabrieli (1555-1612), encerrando-se dessa forma a seção do livro dedicada ao período de 1500 a 1600.

Contraponto tonal e o sistema das espécies

Dos autores que tratam do contraponto tonal utilizando o sistema das espécies, há duas abordagens diferenciadas: Schoenberg (2001), Tragtenberg (1994) e Carvalho (2002) determinam, de início, princípios que têm características comuns ao contraponto modal, com base na polifonia vocal, embora com certas flexibilidades decorrentes da fundamentação no vocabulário tonal; Kennan (1999) propõe uma metodologia que, de imediato, atém-se às normas que regem a composição da música instrumental.

Capítulos introdutórios

Schoenberg (2001) inicia diretamente com o contraponto a duas vozes, colocando juntamente com as regras e sugestões da primeira espécie as considerações preliminares do contraponto: consonâncias e dissonâncias, tessituras das vozes, condução melódica e estabelecimento da tonalidade.

Carvalho (2002), assim como em seu livro anterior – *Contraponto modal* (2000), apresenta uma introdução histórica, a explicação do sistema das espécies e das possibilidades de condução melódica referenciadas pela estrutura harmônica.

Kennan (1999) cita, na introdução de seu livro, a importância de Fux e do sistema das espécies, e faz uma distinção entre "contraponto estrito" e "contraponto livre". Por "contraponto estrito", entende o contraponto descrito por Fux; quanto ao "contraponto livre", considera-o aquele baseado nos modelos de música instrumental do século XVIII. Antes de iniciar o contraponto a duas vozes, Kennan dedica um capítulo à composição de linha melódica, enfocando contorno melódico, implicações harmônicas, tessitura e particularidades acerca do modo menor.

Apresentação das espécies

Na apresentação das espécies, Schoenberg (2001, p.9) utiliza o que descreve como "procedimento sistemático", segundo Leonard Stein. Tal procedimento consiste em explorar todas as possibilidades de se conduzir um exercício, analisando cada um dos resultados. A consequência fundamental desse método é a "aquisição de uma disciplina que possibilite ao aluno analisar a fundo todas as questões que venham a surgir e tomar posse de uma verdadeira técnica que lhe dê condições de solucionar a maioria delas".

O tratamento dado à condução melódica não se desvia das práticas tradicionais provenientes do contraponto do século XVI, no qual certos saltos são proscritos; há, ainda, sugestões de que os saltos devam ser compensados por mudança de direção e que os saltos compostos devem ser evitados. Algumas regras, no entanto, não se enquadram na prática do contraponto modal; Schoenberg considera possível, por exemplo, que na terceira espécie haja uma nota de passagem dissonante em tempo forte, e que a suspensão dissonante da quarta espécie seja resolvida em consonância perfeita, e no contraponto modal não é permitida nenhuma dessas possibilidades.

Schoenberg (2001) e Tragtenberg (1994) apresentam as espécies a três e quatro vozes com fundamento na formação de acordes, considerando inversões e duplicações de notas; os intervalos harmônicos entre as vozes não são vistos como consonâncias ou dissonâncias, como ocorre no contraponto a duas vozes, mas como notas pertencentes a tríades perfeitas ou não, completas ou incompletas. Essa abordagem do contraponto a três e quatro vozes é presente também nos livros de contraponto modal; embora não tratem de música tonal, recorrem aos acordes como referência mais significativa quanto à sobreposição de vozes. Tragtenberg propõe exercícios com mescla das espécies.

As abordagens de Kennan (1999) e de Carvalho (2002) se diferenciam daquelas dos dois autores citados pelo enfoque predominantemente harmônico desde o início. Kennan propõe ainda a aplicação das espécies de forma modificada, na qual as proporções rítmicas básicas são mantidas, mas as semibreves do *cantus firmus* são substituídas por melodias metricamente organizadas. Tanto Kennan quanto Carvalho têm a preocupação de definir as funções harmônicas correspondentes à maior parte dos segmentos musicais apresentados; os sons simultâneos são classificados não só como intervalos harmônicos, mas principalmente como sons integrantes de funções harmônicas específicas.

A partir da segunda espécie, as notas consideradas dissonâncias por Schoenberg (2001), no entender de Kennan (1999), são notas que pertencem ou não a uma harmonia determinada. Dessa forma, certos intervalos dissonantes não requerem tratamento especial se forem intervalos essenciais da harmonia. Entre a segunda e a terceira espécies a duas vozes, Kennan apresenta um capítulo que trata de cromatismo e modulação. As espécies não são utilizadas como metodologia no contraponto a mais de duas vozes. Num capítulo dedicado ao contraponto a três vozes, são apresentadas as relações rítmicas possíveis entre três vozes, numa síntese das proporções das espécies. O contraponto a quatro vozes é incluído, sem uma abordagem específica, nos capítulos finais, que tratam das formas musicais.

CONTRAPONTO: O ENSINO E O APRENDIZADO NO CURSO SUPERIOR DE MÚSICA 57

Carvalho (2002) utiliza as cinco espécies para introduzir a escrita a três vozes, incluindo suas combinações possíveis. Ressalta que, pela definição mais clara do aspecto harmônico do que no contraponto a duas vozes, deve-se cuidar para que a harmonia não se torne mais importante do que o movimento melódico e rítmico das vozes.

Desenvolvimento do estudo depois das espécies a duas vozes

Depois das espécies a duas vozes, Schoenberg (2001) dedica um capítulo à tonalidade menor, no qual aborda os modos eclesiásticos, com o objetivo de produzir uma ponte entre o contraponto estrito e a harmonia mais rica dos compositores do século XVIII e XIX. O modo menor, inexplorado até esta parte do livro, é a base dos exemplos de todas as espécies a duas vozes que constam do final do capítulo.

Schoenberg inclui, depois das espécies, capítulos com o título de "Aplicação composicional", enfocando as implicações harmônicas do contraponto. São nove capítulos: dois em seguida às espécies a duas vozes; cinco depois das espécies a três vozes; e dois como capítulos finais do livro, após as espécies a quatro vozes. Esses capítulos incluem exercícios sem *cantus firmus* e tratam do estabelecimento das tonalidades e de estruturas formais, abordando cadências e modulações, assim como imitações e cânones a duas, três e quatro vozes.

Kennan (1999) apresenta, depois da quinta espécie a duas vozes, considerações acerca da atividade rítmica entre as vozes, como preparação para o capítulo seguinte, que trata da composição de pequenas peças a duas vozes. Em seguida, expõe tipos variados de cânones, princípios para a utilização do contraponto invertível, e invenções a duas vozes. Depois do capítulo dedicado ao contraponto a três vozes, inclui a escrita de pequenas peças, princípios de imitação e invenções a três vozes, trio-sonata, fuga a três e quatro vozes, formas baseadas no coral e conclui com as formas contrapontísticas de variação.

Tragtenberg (1994) desenvolve, depois das espécies a duas vozes, um capítulo dedicado à linha melódica, no qual explora os elementos correspondentes à melodia tonal, como formação de motivos e tipos diferentes de tema, apresentando exemplos que abrangem obras de Bach a Mahler.

Em seguida, no capítulo intitulado "Contraponto livre a duas partes", o autor apresenta a escrita exclusivamente instrumental, afirmando que as regras expostas até esse ponto são uma referência básica, não havendo a necessidade de se ater estritamente a elas na composição. Nesse capítulo são abordados recursos da prática instrumental, cromatismo e imitação. Depois das espécies a três e quatro vozes, há o "Contraponto livre a três e quatro partes", a exploração dos recursos do contraponto invertido e o cânon com número variado de vozes. O livro se encerra com um capítulo intitulado "Ouvido e cérebro", no qual Tragtenberg (1994, p.262) chama a atenção para o fato de que o estudo do contraponto deve estar integrado a um processo amplo da experiência musical e, "uma vez bem conectados ouvido e cérebro, o processo de criação fluirá naturalmente em busca de novos desafios".

No livro de Carvalho (2002), em seguida à primeira parte – "Contraponto estrito" –, que trata das espécies a duas e três vozes, há uma abordagem detalhada dos princípios composicionais de formas como Invenção e Fuga. A segunda parte, denominada "Contraponto tonal livre", aborda elementos da linha melódica e aspectos técnicos como notas estranhas à harmonia e contraponto livre a duas vozes a partir da progressão harmônica, concluindo com a composição de Invenções a duas e três vozes. A terceira parte do livro é dedicada inteiramente à Fuga. A segunda e a terceira partes apresentam, além de exemplos do repertório bachiano, trabalhos feitos por alunos dos cursos de Contraponto e Fuga do Instituto de Artes da Universidade Federal do Rio Grande do Sul, como referência para a prática de escrita das formas enfocadas, detalhando cada etapa do processo de composição.

Linhas de ensino que não utilizam o sistema das espécies

Da bibliografia selecionada dirigida ao estudo do contraponto modal, os dois autores que têm propostas metodológicas que não utilizam o sistema das espécies apresentam materiais didáticos diversificados. Krenek (1959) propõe um conteúdo que, exposto de forma concentrada, é destinado a quem dispõe de um tempo limitado para o estudo; Benjamin (1979), embora com a mesma preocupação, expõe seu conteúdo de maneira mais detalhada e extensa.

Krenek (1959) inicia com a apresentação do que chama de *vocabulário*, no qual inclui os modos e suas alterações correspondentes à *musica ficta*. Em seguida, expõe os princípios que regem a condução da linha melódica, abrangendo: valores rítmicos utilizados e suas condições métricas; saltos melódicos possíveis de acordo com diferentes valores de notas; distribuição dos valores rítmicos; orientações para a utilização das notas dos modos nos inícios e nas finalizações; cadências; tessituras e ponto culminante da linha melódica.

As normas para o contraponto a duas partes são organizadas em segmentos que compreendem: intervalos harmônicos; tratamento de dissonâncias; ritmo e métrica; recursos especiais quanto ao tratamento de dissonâncias; movimento simultâneo das duas vozes; imitação; contraponto duplo e moteto. As propostas para os exercícios práticos são apresentadas depois de toda a exposição dos princípios anteriores à imitação.

Em seguida, são propostos exercícios de imitação, de contraponto duplo e de composição de moteto, todos precedidos de modelos compostos pelo autor. O contraponto a três partes obedece, basicamente, à mesma sequência utilizada para a exposição de duas partes, havendo a proposta de exercícios de contraponto livre, concluindo com a composição de moteto a três partes.

Benjamin (1979) inicia com uma visão geral do estilo do contraponto modal, apresentando um moteto de Palestrina a quatro vozes. A partir desse exemplo, são discutidos vários aspectos do contraponto, como textura, colocação de texto, notação e interpretação, ritmo e métrica, harmonia, modalismo e melodia. Cada um desses aspectos é acompanhado de propostas de exercícios, que incluem especialmente críticas a exemplos dados. No final do capítulo, há sugestões de exercícios para a composição de linhas melódicas com texto, com orientações que determinam cada etapa da composição.

O contraponto a duas vozes é ilustrado com dois motetos de Orlando de Lasso, propondo questões para discussão e análise. Em seguida, há observações gerais, que incluem ritmo, textura, forma e organização motívica. Os detalhes técnicos compreendem as relações de movimento entre as vozes, o tratamento de consonâncias e de dissonâncias e as fórmulas cadenciais. São sugeridos exercícios de contraponto livre sem utilizar imitação, que é abordada em seguida.

O capítulo destinado ao contraponto a duas vozes se encerra com o contraponto invertível. O contraponto a três vozes segue os mesmos itens que constam do capítulo anterior, e o contraponto a quatro vozes acrescenta poucas observações. O livro é concluído com um capítulo dedicado à composição do moteto a quatro vozes, seguido de um apêndice com exemplos de cantos gregorianos, motetos de Lasso, Victoria, Byrd e Palestrina.

Em relação ao contraponto tonal, os três autores que não utilizam o sistema das espécies têm diferentes pontos de partida: Piston (1947) propõe uma visão abrangente da técnica contrapontística compreendida no vocabulário tonal; Krenek (1958) se atém ao estilo barroco e Benjamin (1986) se fundamenta unicamente na música de J. S. Bach.

O livro de Piston apresenta quatro capítulos antes de iniciar o contraponto a duas vozes. O primeiro é intitulado "Curva melódica", termo que visa a sugerir a qualidade essencial de continuidade da linha melódica. Nesse capítulo são abordados os itens: tessitura, localização de culminância, saltos melódicos, unidades melódicas e curvas compostas.

No segundo, é enfocado o "Ritmo melódico", englobando métrica e distribuição rítmica da atividade melódica. O terceiro trata da base harmônica, e compreende melodias derivadas de acordes

CONTRAPONTO: O ENSINO E O APRENDIZADO NO CURSO SUPERIOR DE MÚSICA   61

arpejados, cromatismo, dissonâncias harmônicas e dissonâncias contrapontísticas, ou seja, notas estranhas à harmonia. O quarto corresponde ao ritmo harmônico e inclui atividade harmônica e relações métricas da harmonia. No final de cada capítulo, há propostas de exercícios de composição de linhas melódicas, com base nos aspectos enfocados.

O capítulo que trata do contraponto a duas vozes parte da forma ideal da combinação de duas linhas melódicas, ressaltando a importância da independência da curva melódica e das acentuações rítmicas, e do equilíbrio da atividade rítmica. Desse capítulo constam princípios básicos da escrita a duas vozes, como cruzamento de vozes, tipos de movimento e relações harmônicas entre as vozes. O contraponto a duas vozes se encerra com um capítulo que trata da estrutura motívica, o qual inclui princípios de imitação. Em seguida, são apresentados os contrapontos a três e mais vozes, o contraponto invertível e cânones de vários tipos.

Krenek (1958) apresenta primeiramente o *vocabulário* a ser utilizado, incluindo a escala maior e as menores, e considerações acerca de ritmo e métrica. Um capítulo é destinado à composição da linha melódica e trata de direcionamento melódico, movimento rítmico e fundamentação harmônica, com exemplos do autor e sugestões de exercícios. A abordagem do contraponto a duas vozes engloba: classificação de notas estranhas à harmonia; movimentos entre as vozes; imitação; invenções, incluindo as etapas de seu desenvolvimento harmônico; contraponto duplo e cânone. O contraponto a três vozes é apresentado sucintamente, com exemplos de invenções e de cânones.

Benjamin (1986) inicia seu livro com um capítulo intitulado "Linha e outros elementos de estilo", no qual expõe vários fragmentos de linhas melódicas do repertório bachiano, ressaltando desenho melódico, estrutura tonal e tessitura. Em seguida, são abordados elementos melódicos como figuras motívicas, frase, cadência, distribuição rítmica e linha composta. Cada item abordado é acompanhado de sugestões de análise, tomando por base os fragmentos apresentados no início. No final do capítulo há uma síntese dos aspectos abordados, para auxiliar nos exercícios práticos; esse procedimento se repete em todos os outros capítulos.

O segundo capítulo, destinado à escrita não imitativa a duas vozes, inicia-se como o primeiro, com exemplos de Bach, e enfoca as relações de contorno melódico e de ritmo entre as duas vozes, intervalos harmônicos e notas estranhas à harmonia. Os capítulos seguintes tratam de: cromatismo; composição de formas binárias de dança; contraponto invertível; imitação; cânone e invenção a duas vozes. O contraponto a três vozes é abordado em dois capítulos; o primeiro compreende textura e ritmo, tessitura, relação de movimento entre as vozes, harmonia, figuras cadenciais e notas estranhas à harmonia; o segundo trata de cromatismo, falsa relação, cânone a duas vozes com acompanhamento e cânone a três vozes.

Dois capítulos são dedicados à fuga, um ao contraponto a quatro vozes, um às formas de variação e o último aborda composições com *cantus firmus*. Depois do último capítulo há, ainda, três apêndices: o primeiro contém conceitos gerais a respeito de harmonia; o segundo trata do cânone vocal e o terceiro apresenta composições para órgão. No final, há uma antologia que inclui 58 exemplos completos de obras de Bach.

O material didático e a prática pedagógica

As ações que cercam a prática pedagógica do contraponto remetem a uma avaliação crítica de alguns aspectos do ensino, a partir do material didático explorado.

Há diferentes posições entre os educadores a respeito do tipo de contraponto que deve ser abordado no ensino, o que é claramente evidenciado nas diversas opções presentes no material didático disponível. Alguns autores tratam, separadamente, dos dois tipos de contraponto – modal e tonal –, como Benjamin, Carvalho e Krenek. Este último publicou ainda, além dos citados, um material destinado

CONTRAPONTO: O ENSINO E O APRENDIZADO NO CURSO SUPERIOR DE MÚSICA   63

ao estudo do contraponto dodecafônico (Krenek, 1983). Outros autores, como Kennan (1999) e Piston (1947), tratam do contraponto tonal, mas recomendam também o estudo do modal.

A opção do educador por uma linha de ensino parte, sobretudo, da carga horária destinada à disciplina Contraponto dentro da grade curricular, o que é variável entre os cursos superiores de música. Há circunstâncias nas quais é preciso fazer a opção por um único tipo de contraponto por limitações de carga horária; quando não há essa limitação, há a possibilidade de a disciplina englobar os dois tipos de contraponto ou, ainda, abordar o estudo de uma perspectiva histórica. Qualquer uma das linhas de ensino que se adote envolve posturas favoráveis ou não, a serem consideradas sob a visão crítica do educador.

O estudo do contraponto baseado no estilo de Palestrina, embora tenha muitos adeptos desde a época de Fux até os dias atuais, também encontra posições contrárias. Por um lado, há a corrente defensora de que, com o estudo do estilo de Palestrina, "pode-se apreender melhor aquilo que sempre foi o mais alto objetivo do contraponto" (Jeppesen, 1992, p.ix), e que o estilo de Palestrina "apresenta um modelo de clareza, consistência e economia de recursos composicionais que não têm equivalente em outros estilos" (Benjamin, 1979, p.vi). Por outro, há autores que questionam a distância histórica entre o estilo de Palestrina e as concepções musicais a partir da harmonia tonal até a variedade de idiomas surgidos na música do século XX.

Schoenberg (2001, p.243) é categórico em sua convicção, afirmando que "basear o ensino de Contraponto em Palestrina é tão estúpido quanto basear o ensino da Medicina em Esculápio". Além de ressaltar que o estilo de Palestrina é totalmente distante das ideias contemporâneas – refere-se à primeira metade do século XX –, tanto estrutural quanto ideologicamente, discute a opção por esse estilo, argumentando que a técnica contrapontística palestriniana não é, de forma alguma, superior à dos compositores holandeses da Renascença.

Outro questionamento que parte de alguns autores é relacionado à validade de se fundamentar o estudo no estilo de um compositor que tem obras escritas somente a três vozes ou mais, posto que o ensino começa invariavelmente pelo contraponto a duas vozes. Motte (1991) sugere que o estudo do contraponto, de início, seria mais proveitoso se baseado em Josquin des Près, que, diferentemente de Palestrina, possui muitas obras a duas vozes, que podem servir de modelo aos aprendizes desde os primeiros exercícios.

As objeções ao ensino do contraponto palestriniano partem também de alguns educadores e dos próprios alunos, que, muitas vezes, questionam o porquê de se dedicar a um estudo que, além de ser repleto de regras, não tem uma aplicação imediata em sua prática musical cotidiana. Há um argumento a favor desse ensino, que é a ampliação de horizontes que pode proporcionar o contato com padrões estéticos totalmente diversos dos que os estudantes estão habituados.

O estudo impõe, de fato, um grande número de regras a serem seguidas; porém, o resultado pode levar os alunos à percepção musical de certas nuanças que dificilmente seriam evidenciadas se eles não passassem por esse estudo de forma sistemática. Benjamin (1979, p.vi) vai além nesse raciocínio, afirmando que o estudo de um estilo "predominantemente linear pode funcionar como um corretivo à orientação vertical de muitos cursos de teoria que tendem a equiparar música e harmonia".

Em relação à ausência de obras a duas vozes de Palestrina, os autores resolvem a questão inserindo exemplos de composição a duas vozes de outros compositores do mesmo período, baseados na polifonia vocal do século XVI, e que apresentam características muito próximas do estilo palestriniano. Porém, a compreensão real do contraponto de Palestrina terá um sentido efetivo somente no estudo do contraponto a mais de duas vozes.

Owen (1992) tem uma abordagem mais ampla em relação ao contraponto da Renascença, comparativamente a Jeppesen (1992), Koellreutter (1996), Krenek (1959), Carvalho (2000) e Benjamin (1979): sua proposta de traçar um panorama histórico e estilístico da técnica contrapontística conduz a uma abrangência de vários gêneros musicais do período renascentista. Os outros autores enfocam um tipo específico de contraponto, que corresponde à música sacra. Esse

CONTRAPONTO: O ENSINO E O APRENDIZADO NO CURSO SUPERIOR DE MÚSICA **65**

enfoque exclusivo, de certa forma limitante por desconsiderar outros gêneros da época, permite uma exploração mais detalhada de uma técnica contrapontística determinada, o que pode ser uma referência significativa para análise e compreensão de diferentes tipos de contraponto.

A abordagem de Owen pode enriquecer consideravelmente o estudo do contraponto renascentista, mesmo não sendo seguido como estudo sistemático, mas como informação histórica, para que os alunos tenham uma visão real do período, no qual a música sacra é somente um dos gêneros praticados.

O contraponto tonal, por não ter princípios tão estritos quanto o contraponto modal, envolve uma diversidade de interpretações quanto às normas de sua concepção, conforme atestam os diferentes enfoques contidos na bibliografia. As diferenças entre os enfoques não se limitam às normas do contraponto ou à fundamentação num estilo determinado, mas se evidenciam, sobretudo, no tratamento dado à harmonia.

Do material explorado, os livros de Kennan (1999), de Benjamin (1986) e de Carvalho (2002) são os que apresentam mais determinações das funções harmônicas nos exemplos e nos exercícios. Ressalta-se esse aspecto pela necessidade que se manifesta na prática pedagógica de contextualizar o desenvolvimento das linhas melódicas do contraponto em bases tonais. Nos outros livros, de maneira geral, a harmonia fica subentendida, o que torna a compreensão do contraponto mais problemática, pois grande parte dos alunos não possui agilidade suficiente em relação aos conhecimentos harmônicos para aplicá-los naturalmente na escrita contrapontística.

As objeções feitas ao estudo do contraponto modal, no geral, não se aplicam ao contraponto tonal. Além de não possuir normas tão estritas a serem seguidas, o contraponto tonal trabalha com um idioma mais próximo dos alunos do que o contraponto modal, considerando que o repertório que permeia suas atividades musicais, na área de música popular ou erudita, é essencialmente inserido no universo tonal. Essa proximidade fundamenta a sugestão de Kennan (1999) de se iniciar o estudo do contraponto pelo contraponto tonal. Para segui-la, no entanto, seria necessário que a disciplina Contraponto na grade curricular fosse localizada depois de pelo menos um ano de Harmonia, o que dificilmente ocorre nos cursos de música.

Há ainda outra questão a considerar: o contraponto modal fornece elementos que, embora não sejam pré-requisitos para o estudo do contraponto tonal, auxiliam significativamente no desenvolvimento de habilidades para lidar com linhas melódicas, modais ou tonais.

As propostas pedagógicas de Motte (1991) e Owen (1992) permitem, mais do que as linhas de ensino dos outros autores, uma visão global da técnica contrapontística, pela abrangência dos diversos estilos que abordam. Em princípio, a compreensão do processo histórico abre possibilidades para a conscientização dos alunos de sua realidade temporal do que o estudo limitado a um estilo específico. No entanto, essas propostas pedagógicas pressupõem uma bagagem musical que, no geral, os alunos de graduação não possuem. Em contrapartida, o material didático dos dois autores fornece dados valiosos ao educador, mesmo que esse adote qualquer uma das linhas de ensino tradicionais, que podem comportar em seu curso análises comparativas com outros estilos em circunstâncias apropriadas.

Além das linhas de ensino mencionadas, podem-se citar, ainda, livros didáticos dirigidos ao estudo do contraponto atonal, destacando-se *Studi di contrappunto basati sul sistema dodecafonico*, de Krenek (1983), e *El contrapunto del siglo XX*, de Searle (1957). Krenek apresenta o contraponto dodecafônico de forma similar à utilizada nas suas publicações anteriores, que tratam dos contrapontos modal e tonal, como um manual prático e sucinto para lidar com um estilo específico. Searle enfoca não só o sistema dodecafônico, mas outras tendências surgidas no século XX, relacionadas a empregos diversificados do cromatismo e do politonalismo. As duas obras contêm referências importantes para a assimilação de elementos essenciais dos estilos abordados. No entanto, o estudo do contraponto atonal requer uma base significativa de conhecimentos dos contrapontos modal e tonal. Suas possibilidades de aplicação, portanto, não se incluem nos estágios do aprendizado determinados no âmbito do presente trabalho.

As metodologias propostas no material didático apresentam diferentes pontos de partida, que podem ser enquadrados em dois grandes grupos: o primeiro parte do estabelecimento de princípios da técnica contrapontística, pela apresentação gradual de seus elementos para a concepção geral da composição musical; o segundo, numa direção inversa, parte de exemplos extraídos da literatura musical ou compostos pelos próprios autores para a dedução de seus princípios. O primeiro grupo engloba os autores que utilizam o sistema das espécies, ou seja: Jeppesen (1992) e Koellreutter (1996) no contraponto modal, Schoenberg (2001), Kennan (1999) e Tragtenberg (1994) no contraponto tonal e Carvalho (2000; 2002) nos dois tipos de contraponto; o segundo grupo corresponde a autores que têm propostas que não incluem o sistema das espécies, ou seja: Benjamin (1979; 1986) nos dois tipos de contraponto, Piston (1947) no contraponto tonal, e Owen (1992) na perspectiva histórica. Krenek (1958; 1959) e Motte (1991) têm proximidade com os dois grupos; alguns princípios são estabelecidos preliminarmente e outros são deduzidos dos exemplos.

Embora os dois grupos apresentem divergências em muitos aspectos, a opção do educador por uma metodologia determinada não exclui a possibilidade de que sejam incorporados, na prática pedagógica, procedimentos didáticos que correspondem a outras metodologias.

A concepção dos autores do primeiro grupo, de certo modo, se mostra mais apropriada à realidade das nossas salas de aula, pois a disciplina Contraponto é incluída, no geral, no rol das disciplinas dos primeiros anos dos cursos de graduação; nesse estágio, os alunos começam a organizar conceitos relativos também a outras áreas, como Percepção e Harmonia, e a exposição gradual dos elementos da técnica contrapontística contida nas espécies torna-se um elemento facilitador nesse processo.

A metodologia das espécies, no entanto, pode levar ao desenvolvimento de um treinamento mecânico, alheio ao fazer musical consciente e objetivo. As possibilidades de se lidar com esse impasse não são encontradas no pensamento de um autor específico, mas se mostram de diferentes formas nas propostas contidas na bibliografia, assim como em constatações feitas a partir do exercício da prática pedagógica, ressaltando-se os seguintes aspectos:

- É necessário que se busque uma forma prática e rápida de trabalhar as espécies, que consistem simplesmente num estágio inicial do aprendizado, não devendo se estender a ponto de se tornar o foco principal do estudo. Quanto à exposição das normas das espécies a duas vozes, a sequência que seguem Jeppesen (1992) e Koellreutter (1996) – apresentando primeiro as diretrizes que correspondem ao aspecto melódico e depois as que dizem respeito ao aspecto harmônico – consiste numa maneira mais prática e funcional do que a organização que consta da abordagem dos outros autores. Quanto aos exercícios práticos, a proposta de Schoenberg, de esgotar todas as possibilidades de se conduzir um exercício, abre possibilidades de desenvolver de maneira positiva a habilidade de lidar com diferentes situações técnicas. Porém, a depender das dificuldades apresentadas pelos alunos, essa conduta pode tornar o trabalho árduo e com pouca eficácia nos resultados.
- Um dos aspectos das propostas de Benjamin (1979; 1986) e de Piston (1947) pode ser considerado na condução das espécies: a apresentação e a análise de exemplos antes de enfocar cada assunto. Embora Motte (1991) defina as espécies como situações não usuais na composição, são encontrados, com maior ou menor frequência no repertório renascentista e no barroco, trechos de composições em que figuram as proporções das espécies. A exposição de exemplos contribui para que as espécies não se tornem uma abstração, como afirma Motte.
- A tentativa de tornar as espécies mais musicais e mais próximas da composição real está presente nas propostas das espécies modificadas de Kennan (1999), no contraponto tonal e de Owen (1992), no contraponto modal. A complementaridade rítmica

CONTRAPONTO: O ENSINO E O APRENDIZADO NO CURSO SUPERIOR DE MÚSICA   69

dessas variantes das espécies conduz, naturalmente, à formação de motivos melódicos e rítmicos. Por essa razão, o trabalho com as espécies de forma expandida tem maior proximidade com os estilos do contraponto tonal, especialmente o que corresponde à música barroca. No contraponto modal, a formação de motivos que se repetem em sequência é encontrada unicamente nas composições profanas e na música instrumental, e não se constitui, de forma geral, numa característica do estilo renascentista.

Um aspecto que difere, mesmo entre os autores que utilizam metodologias similares, diz respeito ao estágio do estudo em que são aplicados os princípios do contraponto em formas musicais estabelecidas. Em Jeppesen (1992), por exemplo, o cânone, que é a primeira forma abordada, só é apresentado depois de terem sido trabalhadas todas as espécies a duas, a três e a quatro vozes; antes disso, há exercícios de imitação, porém não aplicados a alguma forma específica. Nesse caso, há uma longa espera até que os alunos possam ver resultados práticos do estudo das espécies. De forma semelhante, no contraponto tonal, Schoenberg (2001), Tragtenberg (1994) e Piston (1947) abordam o exercício de composição sobre uma forma definida somente nos últimos capítulos, embora tratem de elementos formais nos capítulos anteriores. Já Koellreutter (1996), Kennan (1999), Benjamin (1979; 1986) e Krenek (1958; 1959) apresentam, antes de iniciar o contraponto a mais vozes, formas musicais possíveis de serem trabalhadas a duas vozes. Carvalho (2002) reúne na primeira parte do livro as espécies a duas e três vozes e aborda o exercício da composição nos capítulos seguintes, primeiramente a duas e depois a três vozes, o que propicia certa flexibilidade na sequência estabelecida para o estudo.

O exercício do contraponto contextualizado numa estrutura formal definida é um objetivo específico do estudo, no qual a aplicação dos recursos técnicos aprendidos é um estímulo significativamente maior à prática musical criativa do que a execução de exercícios preparatórios. Portanto, considerando que a literatura musical fornece inúmeros exemplos de composições contrapontísticas a duas vozes que podem servir de modelos para o estudo, não há razão para que os alunos esperem pelo cumprimento de exercícios preparatórios a várias vozes para que sejam introduzidos no exercício da composição.

Diante dos parâmetros apontados, é possível concluir que, embora cada uma das obras forneça dados valiosos para a condução do ensino, não há, dentro do material didático mencionado, uma obra única que contemple de maneira totalmente satisfatória as necessidades que se apresentam na dinâmica pedagógica, levando o educador a buscar referências diversificadas e a fazer adaptações convenientes às suas concepções e ao contexto em que atua.

2
O PERFIL DOS ALUNOS

De acordo com o educador Paulo Freire (2002b, p.84), o ensino deve ser uma devolução organizada daqueles elementos que os educandos entregam aos educadores de forma desestruturada. Alguns desses elementos mencionados por Freire são facilmente perceptíveis pelas respostas dos alunos às propostas de ensino, ou pelas suas atitudes nos processos de aprendizagem. As respostas e as atitudes, por sua vez, estão intimamente relacionadas a vários aspectos da realidade dos alunos, distantes da dinâmica do cotidiano das salas de aula e, muitas vezes, distantes da realidade do educador. O professor Hans Joachim Koellreutter (1997b, p.40) chama a atenção para a dificuldade encontrada pelos educadores em acompanhar o desenvolvimento da mentalidade e dos hábitos intelectuais e psíquicos dos jovens, em razão da rapidez com que evoluem as ciências e a tecnologia em nosso tempo. Eles vivenciam, desde cedo, fenômenos sociais e manifestações culturais que não pertencem à esfera de experiências de grande parte dos educadores.

Diante do quadro apresentado na população que compõe hoje as salas de aula, surgiu a necessidade de ampliar os conhecimentos acerca de dados que permitissem traçar o perfil dos alunos, e conhecer suas possibilidades em aula e em contextos externos à classe ou à

72 VERA HELENA MASSUH CURY

faculdade. Tomando como ponto de partida um grupo determinado de estudantes, foi realizada uma pesquisa com integrantes dos cursos de graduação da escola de música de terceiro grau, a quem é dirigido o ensino do contraponto.

A pesquisa

A pesquisa foi desenvolvida na área de música da Faculdade Santa Marcelina, que faz parte do Instituto Internacional das Irmãs Marcelinas, atuante no setor educacional em várias partes do mundo. O curso de Música da instituição foi criado em São Paulo em 1929, tendo sido reconhecido como curso superior em 1934. A partir do curso de Música, outros cursos surgiram, passando a haver uma diversificação das áreas de ensino abrangidas pela Faculdade.

A área de música inclui os cursos de Bacharelado – com habilitação em Canto, Instrumento, Composição e Regência – e o curso de Educação Artística, com habilitação em Música. Os bacharelados são oferecidos com opção em música popular ou música erudita, com exceção de Regência, disponível apenas à área de música erudita.

Além dos cursos regulares, a Faculdade oferece atividades complementares, que incluem: um coral aberto à comunidade, coordenado por professores e alunos monitores; uma Orquestra de Câmara residente, que integra as atividades dos cursos de Música; uma *big band* formada por alunos dos bacharelados e por músicos convidados, disponível a trabalhos dos alunos de Composição e Regência.

Foram determinados como sujeitos da pesquisa os alunos das classes de Contraponto I e II da faculdade, dos cursos de Bacharelado e de Educação Artística com habilitação em Música.

A prática pedagógica permitiu o contato direto com o grupo pesquisado, do que resultou a constatação de várias características dos alunos, por meio de observações realizadas no decorrer da dinâmica do trabalho e de diálogos estabelecidos fora das salas de aula. A reflexão acerca das características constatadas impulsionou o procedimento de investigações que possibilitassem a captação crítica dos elementos constitutivos da realidade dos alunos, na busca de referências significativas para a condução pedagógica. Como instrumentos para a coleta de dados, foram determinados um questionário semiestruturado e um exame das produções musicais dos alunos realizadas independentemente das propostas escolares.

Questionário

O questionário foi aplicado a uma amostra de quarenta alunos de idades variáveis, predominantemente entre 18 e 23 anos. Do total de alunos, trinta pertenciam aos cursos de Bacharelado e dez, ao de Educação Artística. Dentre os integrantes dos Bacharelados em Instrumento, Composição e Canto, dezesseis fizeram a opção por música popular e onze, por música erudita.

Foram elaboradas oito questões, expostas a seguir:

1. Como foi seu estudo de música antes de entrar na faculdade? Procure traçar um histórico claro, se possível, de acordo com os seguintes itens: iniciação musical; escolas ou cursos que frequentou, incluindo cursos livres e aulas particulares. Cite a experiência ou as experiências que foram mais significativas para você, em relação a cursos ou professores; quanto tempo durou o estudo de música antes do ingresso na faculdade.
2. Você faz ou já fez algum curso (de música ou não) paralelamente à faculdade? Qual?
3. Você trabalha ou já trabalhou profissionalmente com música? Especifique o tipo de trabalho.
4. Você tem atividades profissionais em outra área que não seja a de música? Qual?
5. Você se atualiza quanto à produção musical mais recente (erudita ou popular)? Em caso afirmativo:
   a) Procura saber sobre os lançamentos do mercado fonográfico? Especifique os canais de acesso: rádio, TV, internet, jornais, revistas etc.
   b) Frequenta *shows* e concertos?

74 VERA HELENA MASSUH CURY

6. De que forma você ouve música no seu cotidiano?
   a) Concentra sua atenção exclusivamente na música que está ouvindo ou a audição é, na maior parte das vezes, acompanhada de outras atividades (ler, dirigir, operar no computador)?
   b) É objetivo na escolha do que ouve ou, no geral, escolhe aleatoriamente; por exemplo: liga o rádio numa emissora que toca seus estilos preferidos, ou pega ao acaso um CD/K-7/vinil do seu acervo, ou ainda atém-se a ofertas variadas de *sites* na internet?
7. Em relação às suas preferências musicais:
   a) Existe um estilo musical específico, um compositor ou intérprete que você mais ouve? Qual ou quais?
   b) Há algum tipo de música que você não tem o menor interesse em ouvir? Qual ou quais?
8. Pense numa obra musical que você tenha conhecido recentemente e que despertou seu interesse. Cite o nome da obra e do autor (se não tiver esses dados precisos, dê alguma outra referência) e responda:
   a) O que chamou sua atenção na primeira audição?
   b) Houve mais de uma audição? Em caso afirmativo, você fez outras descobertas em relação à obra? Quais?

Síntese das respostas

Quanto à iniciação musical, os alunos citaram: aulas particulares de instrumento, escolas livres de música, ensino informal, recebido de pais ou de parentes próximos, conservatórios e escolas de primeiro e de segundo graus. As escolas de música e os conservatórios citados são, com exceção de duas escolas, da cidade de São Paulo.

A dedicação dos alunos a estudos paralelos à Faculdade inclui atividades similares às que eles citaram como desenvolvimento do estudo anterior à graduação. São cursos de duração determinada (*workshops*, *master classes*, festivais), cursos permanentes em outras

CONTRAPONTO: O ENSINO E O APRENDIZADO NO CURSO SUPERIOR DE MÚSICA **75**

escolas, aulas particulares de instrumento, leitura de revistas especializadas e cursos em outras áreas. A maior parte das respostas aponta aulas particulares de instrumento como atividades mais frequentes.

Das experiências marcantes no aprendizado, foram relatadas as positivas em maior número, nas quais os alunos apontam, principalmente, a vivência da prática da música em conjunto e o contato com um professor específico, por quem tinham bastante consideração. Eles citam essas experiências como responsáveis pela decisão de seguir a carreira musical. Quanto a experiências negativas, as queixas recaem sobre a atenção excessiva dada à técnica instrumental e o pouco enfoque à teoria e à percepção.

A maioria dos alunos estudou mais de dez anos antes do ingresso na Faculdade, considerando que, nessa trajetória, eles tiveram contato sempre com mais de um tipo de orientação. Dentre as respostas, ressalta-se um caso específico, de um aluno que se alfabetizou em música utilizando um programa de computador. Segundo seu relato, ele começou a investigar no programa os princípios de escrita; desenvolveu seu raciocínio escrevendo, ouvindo, comparando, tendo em seguida um contato de dois meses com uma professora de música para se certificar da validade de suas descobertas. A professora acrescentou algumas informações e ele se submeteu ao exame do vestibular, conseguindo uma das melhores notas; seu processo de estudo anterior ao vestibular durou um ano.

Quanto a atividades profissionais, apenas um, dentre os quarenta alunos, nunca trabalhou profissionalmente. Os trabalhos a que a maioria se dedica concentram-se na área de execução instrumental em eventos e gravações, e também em aulas na área de música, especialmente de instrumento. Um aspecto a ser ressaltado nas respostas dadas é a forma como são encarados os trabalhos deles como professores. Dar aulas de música é considerado, na maior parte das vezes, alternativa que visa a uma garantia financeira, não a uma opção profissional. Constata-se que eles entram nesse mercado de trabalho sem grandes questionamentos; o fato de, em algum momento, "ter que dar aulas" é encarado como uma consequência natural do estudo da música, como se todos, em princípio, fossem habilitados a exercer essa atividade.

Foram apenas seis os trabalhos citados fora da área musical, correspondentes a diferentes campos de atuação, como teatro, ensino de línguas, geografia, escritório de contabilidade, *design* gráfico e ilustração. De acordo com as respostas, tais trabalhos representam para esses alunos a atividade principal de retorno financeiro; paralelamente, porém, eles exercem trabalhos profissionais na área musical, embora não exclusivamente.

Em relação à atualização acerca de novidades relacionadas a produções musicais, todos, indistintamente, responderam que se mantêm atualizados. O canal de acesso às informações mais citado foi o das revistas, seguido por jornais, internet, rádio, além de contatos pessoais; televisão e lojas figuraram em número menor das respostas, e a maioria aponta mais de um canal de acesso. Observa-se que as revistas, mencionadas anteriormente na questão relativa à formação musical, têm um papel significativo na obtenção de informações. Tais revistas são dedicadas a instrumentos específicos: existem as que tratam de violão e guitarra, outras, de teclado, contrabaixo ou bateria. Cada uma delas contém, além de reportagens com músicos nacionais e internacionais, lançamentos do mercado fonográfico, novidades sobre instrumentos e equipamentos correlatos, e ainda seções referentes a lições didáticas de música. É amplo o espaço ocupado pelas matérias relativas a instrumentos e equipamentos, o que se justifica pela evolução constante de recursos eletrônicos instrumentais, exigindo dos instrumentistas uma permanente atualização. As lições didáticas incluem conceitos técnicos, teóricos, instruções práticas de harmonizações e improvisações sobre estilos determinados, assim como transcrições de peças e temas em formato de partitura e tablatura.

Mais expressivo do que o hábito de frequentar *shows* e concertos é o acesso fácil a espetáculos, por transmissões diversificadas da mídia, em diferentes formatos: televisão, rádio, internet, vídeo e DVD. Pelas respostas dadas, é impossível definir se a frequência a *shows* e concertos é um hábito constante ou ocasional; pelos comentários

CONTRAPONTO: O ENSINO E O APRENDIZADO NO CURSO SUPERIOR DE MÚSICA **77**

informais, no entanto, pode-se perceber que os interesses e as trocas de informação entre eles recaem mais sobre as ofertas fonográficas do que sobre apresentações musicais.

A respeito da escuta musical, a maior parte dos alunos afirma que ouve música enquanto se dedica a outras atividades, mas ressalta que há momentos de escuta musical mais atenta. Dez alunos responderam que só ouvem música quando podem se concentrar.

Quanto à objetividade na escolha do que ouvem, as respostas se dividiram entre "sempre" e "às vezes". Alguns alunos relatam que são objetivos somente nos momentos de escuta mais atenta, enquanto outros afirmam que, mesmo quando entretidos com outras atividades, escolhem exatamente o que ouvem.

Nas respostas relativas às preferências musicais, houve citações tanto de estilos e gêneros de maneira geral quanto de nomes de compositores ou de intérpretes. Várias respostas contêm grande variedade de referências; há, por exemplo, numa única resposta nomes ligados ao *jazz*, à MPB, juntamente com Ligeti, Stravinsky, Bach, Mozart e Beethoven. Não é possível, no entanto, determinar o grau de conhecimento que eles têm da obra de todos os autores citados. Foram muitos os estilos e os nomes mencionados e, proporcionalmente, poucas coincidências. Dentre os tipos de música que eles não têm o menor interesse em ouvir figuram, principalmente, os estilos comerciais como pagode, axé e sertanejo.

Quanto à audição de uma obra específica, nas respostas dadas à questão 8, observa-se que vários compositores e intérpretes citados não foram mencionados na questão anterior, que trata das preferências musicais. Embora o curso de Música Popular concentre a maioria dos alunos, a música erudita predomina nas obras e nos autores citados. A partir desses dados, é possível constatar que grande parte dos alunos, por iniciativa própria ou circunstancialmente, tem eventuais contatos com estilos musicais que não fazem parte de seu repertório de referências.

Os comentários sobre as obras ouvidas variam consideravelmente, como consequência natural da diversidade existente nas obras e nos autores citados. Dentre os aspectos que chamaram a atenção na primeira audição são apontados elementos referentes à composição, como contraponto, harmonia, orquestração, arranjos, timbres e, em menor número, à interpretação. Sobre a segunda audição houve um número reduzido de respostas, com observações de pouca relevância. Pelas respostas, não é possível deduzir se os alunos que responderam dessa maneira às questões têm o hábito de retornar a obras que lhes chame a atenção. Na dinâmica das aulas, o que se constata é que, no primeiro contato com uma obra que desperte algum interesse, eles demonstram maior curiosidade em conhecer mais o trabalho daquele autor do que em ouvir novamente a mesma obra.

Refletindo sobre as respostas

A heterogeneidade marcante em relação a bagagens e experiências que os alunos trazem hoje para as salas de aula torna-se compreensível quando se toma conhecimento dos enfoques educacionais presentes nas orientações que tiveram e nas que continuam presentes na construção de suas referências. Há, atualmente, uma multiplicidade de linhas de ensino musical que inclui desde abordagens calcadas nos modelos tradicionais dos antigos conservatórios até os métodos exclusivamente práticos, que objetivam o aprendizado rápido. Por um lado, o ensino tradicional fornece elementos importantes na estruturação dos conhecimentos; porém, estabelece uma distância entre o aprendizado teórico e a prática musical. Por outro, os métodos de aprendizado rápido solucionam questões práticas, mas não proporcionam uma base sólida de conhecimentos. Há, contudo, formas de instrução que não se enquadram exatamente nesses dois extremos, mas que tendem, de alguma maneira, a uma ou a outra abordagem. Pode-se ressaltar que, hoje, assiste-se a um crescente aumento de escolas de música, criadas na mesma proporção em que surgem novos métodos de ensino, presentes em revistas especializadas e em mídia eletrônica. E os alunos provenientes dos mais variados tipos de orientação convivem numa mesma classe, apresentando diferentes

CONTRAPONTO: O ENSINO E O APRENDIZADO NO CURSO SUPERIOR DE MÚSICA   79

graus de informação e de vivências musicais, o que pode tanto propiciar trocas enriquecedoras no processo do aprendizado quanto comprometer a eficácia de determinadas dinâmicas pedagógicas.

No geral, a opção dos alunos por cursar uma escola de nível superior denota uma busca por estruturar sua base de conhecimentos musicais provenientes de concepções diversificadas, organizando as informações recebidas, na busca de uma formação abrangente que os capacite a atuar no maior número possível de segmentos da área musical.

Embora muitos dos trabalhos a que os alunos se dedicam se resumam a atividades esparsas, o fato de eles já terem contato com o mercado profissional é um dado significativo em relação às expectativas que demonstram ter acerca do ensino que lhes é transmitido. No geral, eles priorizam seus interesses nos aspectos diretamente relacionados à prática musical, opondo certa resistência ao estudo que não tenha aplicação imediata a suas atividades. É notória a transformação que, nesse sentido, vem ocorrendo no perfil dos alunos nos últimos anos. Anteriormente, era predominante entre eles a ideia de que a faculdade representava um estágio do aprendizado, e que a partir de sua conclusão eles se lançariam no mercado de trabalho. Dessa forma, não se evidenciavam as inquietações presentes atualmente nas salas de aula, pois os alunos não vislumbravam o que deles seria exigido na vida profissional. As tarefas determinadas pelo professor eram cumpridas passivamente, e os questionamentos a respeito do estudo eram raros. Hoje eles demonstram ter senso crítico em relação às propostas do ensino; solicitam o que lhes interessa no estudo e rejeitam o que lhes parece inútil, especialmente o que requer um empenho mais efetivo.

No convívio com os alunos é facilmente perceptível que um dos traços que mais os caracteriza é a tendência ao imediatismo. Em parte, esse fato está intimamente relacionado a necessidades reais que eles constatam na vida profissional, as quais exigem, frequentemente, soluções práticas e objetivas. Ademais, o comportamento intelectual e afetivo dos jovens é modelado pelo meio tecnológico moderno, pela invasão das mídias e pelo emprego de aparelhos eletrônicos na vida cotidiana (Babin & Kouloumdjian, 1989, p.11). Esses aspectos do mundo contemporâneo possibilitam que as pessoas tenham um domínio sobre o tempo que rege a vida prática e a assimilação de conhecimentos. O estudo acadêmico, porém, muitas vezes depende de um processo no qual o tempo necessário para sua assimilação nem sempre é o mesmo que orienta as expectativas individuais dos alunos, pois envolve etapas a serem cumpridas, e sua aplicação prática, em geral, não é imediata. Para os alunos, passa a ser aflitivo lidar com um conhecer que não possa lhes dar respostas objetivadas, como se fossem instrumentos, e que sejam disponíveis para um uso definido, especialmente pragmático (Critelli, 1981, p.60).

Um dado significativo a esse respeito é a forma como se processam os constantes contatos que os alunos têm com a mídia impressa ou eletrônica. Conforme foi constatado nas respostas ao questionário, esses contatos fazem parte do cotidiano da totalidade deles. O acesso fácil a qualquer tipo de informação remete a comportamentos que envolvem "um desdobramento da superficialidade, um 'achatamento' dos conhecimentos em prejuízo da seriedade e da profundidade" (Babin & Kouloumdjian, 1989, p.27). Os alunos relatam que ficam durante horas navegando na internet, sem um objetivo claro; uma informação leva a outra, numa sucessão infindável, na qual tudo se processa de maneira rápida. Em meio ao encadeamento de informações são inseridas comunicações via *e-mail* e conversas em tempo real. O volume de informações, nessas condições, é assimilado "não linearmente, mas por 'bits' desconectados, em qualquer ordem, e a compreensão que se obtém do mundo vai se construindo por um raciocínio não linear, mas analógico" (Fonterrada, 1997, p.12).

Essa forma de apreensão do conhecimento pode ser observada também na dinâmica das aulas, em atividades ligadas à escuta de obras musicais; os alunos concentram a atenção exclusivamente na música por um curto espaço de tempo, logo procurando meios de se ocuparem com outras atividades, tais como desenhar, escrever ou conversar. Com relação à concentração na audição há um dado significativo, que não consta das respostas do questionário, mas que foi constatado em conversa informal com os alunos, quando um deles relatou que só consegue estudar piano ouvindo música, o que foi prontamente apontado como um procedimento habitual por outros alunos presentes. Alguns, inclusive, indicaram tipos específicos de música que ouvem enquanto se aplicam a exercícios rítmicos ou a estudos técnicos de instrumento, ou ainda a exercícios de Harmonia e Contraponto.

Os dados contidos nas respostas do questionário, de certa forma, contradizem as impressões captadas do grupo, em observações ocasionais. Por um lado, poder-se-ia concluir que os alunos têm um padrão de escuta periférica e desconcentrada, pelo que demonstram em sala de aula e pelos seus relatos a respeito da maneira como ouvem música no cotidiano; por outro, muitas das respostas à questão 8, que trata da apreciação de uma obra que tenha lhes chamado a atenção, contêm observações correspondentes a concepções harmônicas e contrapontísticas ou referentes a arranjo e instrumentação, o que denota que houve uma apreensão da composição como um todo. É possível deduzir que a assimilação de elementos musicais na escuta, assim como a aquisição de conhecimentos de maneira geral ocorrem de forma peculiar a essa geração que desde a infância vivenciou uma cultura na qual os meios de comunicação e os recursos tecnológicos em várias áreas são altamente desenvolvidos. "A quantidade de informações que atinge os jovens os submerge e, em seguida, os impede de concentrar-se num ponto especial" (Babin & Kouloumdjian, 1989, p.25). Em contrapartida, essa realidade leva ao desenvolvimento da capacidade de perceber e de apreender ocorrências diversas simultaneamente. A esse respeito, podem ser ressaltadas as respostas à questão 6, nas quais vários alunos relatam que são objetivos na escolha do que ouvem, mesmo quando estão entretidos com outras atividades, o que demonstra que a atenção que eles têm habitualmente ou que procuram ter na escuta musical não é exclusiva.

Quanto às preferências musicais, as respostas denotam que o universo musical que referencia os alunos envolve uma pluralidade de estilos e gêneros musicais. O fato de eles terem algum contato com

82   VERA HELENA MASSUH CURY

diferentes tipos de música pode ser justificado unicamente como resultado da facilidade de acesso que eles têm a gravações, *shows*, concertos e ofertas presentes na mídia eletrônica. No entanto, pode-se supor também que eles têm uma abertura para novas concepções musicais que lhes sejam apresentadas. Observa-se que eles transitam por repertórios estranhos às suas áreas de atuação; é o caso dos que cursam Música Popular e citam compositores de música erudita, e vice-versa, e não há, ao menos em termos de interesse e de apreciação musical, uma distinção efetiva entre as áreas de música popular e erudita. Constata-se que, de maneira geral, o perfil dos alunos e o contato que eles têm com estilos musicais variados os afastam das músicas óbvias, veiculadas pela grande mídia.

As respostas ao questionário, em determinados aspectos, corroboraram as observações feitas no decorrer da dinâmica pedagógica e, em outros, revelaram dados inesperados. Segundo Goode & Hatt (1979, p.426), a proximidade com o grupo pesquisado faz que o desenvolvimento da pesquisa seja acompanhado por "um certo sentimento emocional de certeza, levando à suposição de que poucas surpresas serão encontradas". Os novos dados fornecidos pela pesquisa, entretanto, independentemente de sua quantidade, foram de extrema relevância para lançar um olhar renovado sobre os alunos, que compõem um universo em constante mutação.

Alunos e educadores no diálogo pedagógico

Segundo Freire (2002a, p.118), a relação dialógica "funda o ato de ensinar, que se completa e se sela no outro, o de aprender". O processo ensino-aprendizagem pressupõe uma relação dialógica na qual os sujeitos "não só conservam suas identidades, mas a defendem e assim crescem um com outro" (ibidem).

Na dinâmica pedagógica são observados os fenômenos de ruptura que ocorrem entre os jovens: ruptura no comportamento perante os valores adultos tradicionalmente majoritários, na linguagem e no conjunto dos modos de expressão e, mais profundamente, na relação deles com o mundo (Babin & Kouloumdjian, 1989, p.5). Os resul-

CONTRAPONTO: O ENSINO E O APRENDIZADO NO CURSO SUPERIOR DE MÚSICA 83

tados dessas rupturas se refletem nas atitudes dos jovens em sala de aula, na forma como eles defendem seus interesses e se apropriam do conhecimento que lhes é transmitido, evidenciando certas características, muitas vezes, estranhas ao educador. Como consequência, a relação entre alunos e educadores envolve naturais diferenças que podem fornecer elementos construtivos ao estabelecimento do diálogo pedagógico, no qual são confrontados os saberes e as expectativas das duas partes envolvidas.

No geral, os alunos vivenciam experiências num contexto que privilegia a simultaneidade de um grande volume de informações, que chegam a eles de maneira fragmentada, o que requer o exercício do raciocínio rápido, favorecendo uma percepção, em certa medida superficial e multifacetada. O conhecimento e a comunicação, dessa forma, conflitam consideravelmente com a carga de informações e com o empenho requisitado na prática educativa tradicional, que se caracteriza pela condução linear, fundada numa via de acesso para um fim determinado. Os elementos que induzem aos modos de percepção dos alunos, ou seja, a forte presença das mídias e dos recursos tecnológicos, marcas significativas do mundo contemporâneo, também fazem parte do cotidiano dos educadores. Para os alunos, porém, é a única referência que eles têm, pois nasceram dentro da cultura que emerge nos tempos atuais; para os educadores, no entanto, que possuem outras referências, essa cultura é objeto de estranhamento, admiração e questionamento (Babin & Kouloumdjian, 1989, p.23). O diálogo possível, em tais condições, depende de uma interação entre os propósitos dos educadores e a predisposição dos alunos sobre o objeto do estudo. Essa interação, por sua vez, depende de uma dinâmica de trabalho na qual sejam considerados tanto os aspectos mais positivos da maneira de ser dos alunos como a facilidade de captar rapidamente elementos diversos do que lhes é comunicado, quanto à carga de conhecimentos dos educadores, passível de se valer de recursos metodológicos apropriados para a transmissão de seus conteúdos.

É facilmente perceptível a rapidez com que os jovens se apossam das descobertas tecnológicas do seu tempo, nem sempre conhecidas dos educadores. O relato mencionado anteriormente, do aluno que se

84 VERA HELENA MASSUH CURY

alfabetizou musicalmente por meio de um programa de computador, embora seja um caso único, remete ao questionamento acerca dessa forma de apreensão de conhecimento, utilizando um recurso típico da contemporaneidade, o que grande parte dos educadores ainda não incorporou na prática do ensino. Porém, na possibilidade de ser implantado um sistema informatizado nas escolas, as estratégias utilizadas na dinâmica pedagógica podem ter um alcance consideravelmente mais amplo, vinculado a uma linguagem familiar a maior parte dos alunos.

As diferentes bases de formação musical dos alunos, as quais resultam na heterogeneidade que caracteriza as classes atuais, refletem-se em diferentes necessidades que se apresentam no aprendizado. Há uma grande quantidade de lacunas a serem supridas, que envolvem tanto componentes de estruturação básica quanto elementos de vivência musical. Diante dessa realidade, os educadores são levados a rever, constantemente, a condução dos conteúdos a serem transmitidos, e a lidar com situações imprevistas, que não constam de seu planejamento inicial. Portanto, dificilmente os educadores podem ter uma linha única de ação, e o diálogo pedagógico se estabelece se há uma flexibilidade de orientá-lo para que haja uma efetiva abrangência dos vários elementos envolvidos no processo educacional.

É possível concluir que o momento atual requer, cada vez mais, ações dinâmicas, no sentido de promover trocas constantes entre alunos e educadores, numa "relação aberta em direção a uma síntese que não se fecha em si, mas que permanece como um horizonte de possibilidades" (Martins, 1992, p.46). Certamente, essa relação não é desprovida de alguma espécie de conflito, o que, se não é vivido como um problema insolúvel, mas como um elemento construtor no processo ensino-aprendizagem, converte-se em ganhos significativos para alunos e educadores.

Há evidentes diferenças entre a educação tradicional e a que se faz necessária hoje. As diferenças residem, especialmente, nos papéis atribuídos a alunos e a educadores. Num sistema de ensino tradicional, "a educação se torna um ato de depositar, em que os educandos são os depositários e o educador o depositante". É a concepção bancária da educação, conforme refere Freire (2002b). O mundo con-

CONTRAPONTO: O ENSINO E O APRENDIZADO NO CURSO SUPERIOR DE MÚSICA   85

temporâneo não comporta esse tipo de enfoque; os alunos, hoje, não têm a passividade do "depositário" e, se o educador mantém a postura de "depositante", não há como se definir o diálogo pedagógico. Koellreutter (1997a, p.65) propõe um sistema educacional "em que não se educa, no sentido tradicional, mas, sim, em que se conscientiza e orienta os alunos através do diálogo e do debate". A proposta de Koellreutter vai ao encontro das necessidades que se evidenciam na realidade atual, que delega aos educadores a tarefa de orientar, mais do que informar, posto que as informações são facilmente disponíveis nos mais variados canais de acesso dos alunos, cabendo à orientação mostrar modos de organização do que eles coletam e apreendem na vida prática.

Descrição da produção musical dos alunos

Em complementação aos dados obtidos pelas respostas ao questionário, foram investigados alguns segmentos da prática musical dos alunos. São atividades a que eles se dedicam, em trabalhos profissionais ou não, compreendendo: apresentações públicas, participação em gravações como instrumentistas ou produtores (incluindo produção de *jingles*, trilhas sonoras para teatro, filme ou vídeo), composições e arranjos.

Embora haja uma produção significativa de trabalhos solicitados pela faculdade, especialmente nas disciplinas relacionadas à composição, a investigação foi restrita à produção dos alunos, independentemente do que fazem como tarefa escolar. A razão dessa restrição foi fundamentada no fato de que as atividades disciplinares, dirigidas a finalidades específicas, não representam a forma como eles se expressam musicalmente de maneira mais intuitiva, ou em contextos particulares de suas atuações profissionais.

Em várias circunstâncias anteriores à pesquisa, foi observado entre os alunos grande interesse em mostrar aos professores os trabalhos que eles desenvolvem em situações externas à faculdade, para avaliações críticas. Dessa forma, na ocasião da pesquisa, quando solicitados a mostrar suas produções, prontamente se dispuseram a ceder gravações, além de convidar para apresentações das quais participavam. A análise dos trabalhos foi feita por meio da escuta do material fornecido por eles, e de suas atuações em eventos públicos diversos. Dentre os trabalhos analisados, que incluem composição, arranjo e interpretação de instrumentistas, foram encontrados diferentes tipos de música, descritos a seguir.

Pop comercial

Estilo de música vocal com acompanhamento instrumental. A formação instrumental compreende, basicamente, guitarra, violão, contrabaixo, teclados e bateria, com eventuais participações de outros instrumentos. Claramente influenciado pela música dos estilos *rock* e *country* norte-americanos, utiliza um padrão rítmico predominante, com raras variações. A forma é definida por uma estrutura harmônica simples e previsível, com um centro tonal claro. As ideias melódicas são repetitivas, havendo sempre um refrão e, em alguma passagem de uma parte a outra, um solo instrumental. O acompanhamento instrumental utiliza vários tipos de ostinato, com poucas evidências de elaboração contrapontística. Quanto aos timbres instrumentais, há uma exploração dos instrumentos eletrônicos que dispõem de uma ampla gama de recursos, como a guitarra (que utiliza efeitos como distorção,[1] *chorus*,[2] *flanger*[3] e *phaser*[4]) e teclados (com timbres sintéticos simuladores de instrumentos acústicos ou eletrônicos e *samplers*[5] de timbres naturais).

---

1 Distorção: distorce o som pela excitação dos componentes da onda sonora, agregando os sons a ruídos e harmônicos. Usada especialmente nas guitarras elétricas características dos estilos de *rock*.

2 *Chorus*: efeito de coro, por meio da duplicação de ondas sonoras.

3 *Flanger*: altera a amplitude das ondas sonoras e cria efeito de "vaivém" cíclico do som.

4 *Phaser*: defasa as ondas sonoras, forjando efeito de profundidade.

5 *Sampler*: equipamento que reproduz timbres originais previamente gravados, associando-os a qualquer instrumento conectado a ele.

MPB

Compreende, predominantemente, música vocal com acompanhamento instrumental. Engloba estilos variados, principalmente aqueles provenientes de correntes da música brasileira posteriores à bossa nova e aos festivais da canção; observa-se também a incidência de ritmos regionais, especialmente do Nordeste brasileiro, e outros estilos tradicionais como o samba e o choro, anteriores à década de 1950. São utilizados diferentes padrões rítmicos, sendo clara a influência de compositores citados nas respostas ao questionário, como Tom Jobim, Chico Buarque, Edu Lobo e Milton Nascimento, entre outros – esses compositores ainda são uma forte referência para os jovens alunos, embora pertençam a gerações anteriores. O aspecto harmônico tem elementos bem mais complexos do que no estilo *pop*, incluindo progressões e modulações mais arrojadas e ampla utilização de dissonâncias, assim como de acordes alterados. A relação entre melodia e harmonia é bastante flexível, com um discurso que não caracteriza, claramente, centros tonais, porém configura encadeamentos que se desenvolvem e se conduzem de maneira peculiar e fluente. A estrutura formal não obedece, necessariamente, a modelos estabelecidos, apesar de muitas vezes trabalhar com ritmos tradicionais, como baião, xote ou frevo. A formação instrumental varia consideravelmente, desde o acompanhamento de um violão somente até de um conjunto de instrumentos que incluem contrabaixo, guitarra, bateria, percussão de vários tipos, instrumentos de sopro (principalmente flauta e saxofone) e, ocasionalmente, cordas de arco. Também é utilizado o teclado eletrônico com timbres sintéticos ou sampleados. O acompanhamento instrumental com frequência comporta frases melódicas em contraponto, ostinatos e sugestões de pequenas orquestrações de apoio.

Música instrumental com tema e improvisos

Música com fortes influências da estética jazzística e que consiste na exposição de um tema seguido de improvisações feitas por todos os instrumentos. As improvisações são criações livres, que muitas vezes se distanciam, melodicamente, da proposta temática. A destreza dos solistas é extremamente valorizada, mais do que as concepções dos arranjos. São utilizadas harmonias bem elaboradas, com variedade de dissonâncias e de acordes alterados associados a escalas e modos exóticos e peculiares, como escalas pentatônicas, hexafônicas, de *blues*, dim-dom e dom-dim (para aplicação de acordes diminutos), mixolídio com quarta aumentada, superlócrio, entre outros. As formações instrumentais compreendem tanto duos e trios quanto conjuntos maiores ou até *big band*.

Rock progressivo

Estilo híbrido entre as influências do *rock* e do *jazz*, caracteristicamente virtuosístico, comportando solos definidos para todos os instrumentos. Os recursos eletrônicos são largamente utilizados como componente técnico associado à destreza dos instrumentistas. É um estilo predominantemente instrumental, com raras inclusões vocais. São composições de grande duração de tempo, fora do formato comercial e com ampla utilização de ostinatos. Ocorrem muitas cadências instrumentais solistas de efeito, assim como vários duetos e duelos virtuosísticos. O aspecto melódico inclui arpejos complexos, com eventuais passagens contrapontísticas.

Música orquestral sem definição de estilo

Música tonal, com variações sobre um tema, explorando timbres orquestrais. A harmonia e as ideias melódicas não mostram tanta elaboração quanto os efeitos tímbricos. Esses efeitos remetem a idiomas musicais variados, nos quais são misturados elementos de estilos clássico e romântico, associados a características da música *new age*. Há várias sobreposições de linhas melódicas, e diferentes texturas no decorrer da composição, acompanhadas de mudanças de andamentos.

Arranjos feitos no teclado eletrônico

Arranjos de músicas diversas, nacionais e internacionais. As nacionais compreendem temas de MPB em geral e as internacionais, principalmente temas populares de *jazz*. São utilizados padrões rítmicos e harmonias condizentes a cada estilo, e as melodias frequentemente comportam ornamentações. Os recursos tímbricos do teclado são largamente explorados, resultando em várias combinações de timbres instrumentais.

Música atonal

Composições para formações variadas, como coral a quatro vozes e conjuntos camerísticos. Com a ausência de pontos de apoio da harmonia tonal, a estrutura formal dessas composições é estabelecida, especialmente, por jogos contrapontísticos entre as vozes, com ampla utilização de imitações rítmicas e melódicas. Há grande variedade de valores rítmicos, com eventuais inclusões de ostinatos e frequentes mudanças de fórmulas de compasso. As frases melódicas envolvem grandes saltos, havendo uma significativa exploração dos recursos tímbricos e das regiões extremas das tessituras dos instrumentos. As densidades e intensidades comportam mudanças constantes, e o silêncio é valorizado como parte da estrutura formal.

A prática musical dos alunos

Observa-se que, na maior parte dos trabalhos analisados, os intérpretes acumulam mais de uma função na produção; figuram, frequentemente, também como compositores ou arranjadores. Embora a maioria dos alunos seja formada por instrumentistas, o número daqueles que se dedicam a composições e arranjos vem aumentando gradativamente nos últimos anos. Em parte, esse fato está relacionado à facilidade que eles têm de gravar e de divulgar seus trabalhos. Ademais, há um estímulo do mercado profissional, pela existência de um número considerável de projetos culturais que disponibilizam espaços para mostras de novas produções.

Em todos os tipos de música levantados, é facilmente perceptível uma grande valorização de efeitos tímbricos. Se a produção envolve recursos eletrônicos, as possibilidades de incorporar os efeitos na concepção musical se multiplicam. No entanto, essa constatação é feita mesmo no trabalho com instrumentos acústicos. A esse respeito, ressalta-se uma particularidade em relação ao acompanhamento feito no violão, nas músicas classificadas como MPB; são utilizados, com frequência, acordes com cordas soltas, o que gera timbres específicos, que remetem a conduções harmônicas peculiares.

Os recursos provenientes da música sequenciada ou programada em computador ou equipamentos similares são fartamente utilizados. Esses recursos ampliam enormemente as possibilidades de instrumentação nas composições e nos arranjos e, principalmente, permitem experimentar e explorar concepções musicais variadas de maneira prática e imediata.

O virtuosismo instrumental ou vocal é um traço característico em grande parte dos trabalhos. Constata-se que a utilização dos equipamentos eletrônicos não elimina a busca pelo domínio técnico do instrumento ou da voz em diferentes estilos e gêneros.

São observadas, em alguns trabalhos, ideias musicais em excesso, sem o devido desenvolvimento temático que daria clareza à forma e à estrutura da composição ou do arranjo. Muitas vezes, uma grande quantidade de informações é colocada sem critério ao longo do trabalho.

Dentre as atividades dos alunos, há exigências profissionais que dizem respeito a tipos específicos de música que eles devem produzir; é o caso de *jingles* e trilhas sonoras para teatro, filme ou vídeo. São circunstâncias em que as composições ou os arranjos devem obedecer a parâmetros estabelecidos.

De alguma forma, o contraponto está presente na grande maioria dos trabalhos de todos os tipos de música levantados. São raras, porém, as elaborações de elementos contrapontísticos; o que ocorre

CONTRAPONTO: O ENSINO E O APRENDIZADO NO CURSO SUPERIOR DE MÚSICA 91

com mais frequência são sugestões de contrapontos ocasionais, decorrentes da condução das progressões harmônicas. Em todo o material analisado, são amplas as possibilidades de que os contrapontos sejam desenvolvidos, com tratamentos adequados, nos tipos de música presentes nos trabalhos.

Diante dos aspectos apontados, conclui-se que a prática musical dos alunos requer uma atenção especial das ações educacionais às suas potencialidades e necessidades. Cada segmento dos cursos de graduação em Música pode fornecer elementos essenciais para dar suporte às atuações dos alunos em circunstâncias diversas.

No caso específico do contraponto, pode contribuir com dados significativos para elaborações e explorações dos elementos contrapontísticos nas composições, nos arranjos e nas execuções instrumentais. O estudo, que desenvolve habilidades de escrita dentro de padrões bem determinados, raramente tem uma relação imediata com os tipos de música que correspondem às atividades práticas dos alunos, em razão do fato, especialmente, de que essas atividades envolvem muitos outros aspectos musicais além do contraponto. Porém, o objeto do estudo, que é o trabalho com estilos essencialmente contrapontísticos, além de dar subsídios à realização de trabalhos que impõem parâmetros definidos para a criação, consiste numa base referencial que possibilita a assimilação do contraponto em contextos variados, fixando elementos estruturais como harmonia, forma, concepções melódicas e estilísticas, elementos dos quais os alunos não têm, via de regra, uma visão abrangente.

3
O APRENDIZADO DO CONTRAPONTO

A disciplina Contraponto no currículo de graduação

A disciplina Contraponto consta da maior parte dos cursos de graduação em Música, com variações entre as escolas de terceiro grau no que se refere a carga horária, localização na grade curricular e a conteúdos e metodologias correspondentes a cada caso particular. A experiência descrita neste capítulo destaca diferentes etapas do processo de aprendizagem do Contraponto, tendo como parâmetro para a discussão as respostas dos alunos aos programas de ensino aplicados a quatro classes – duas de Contraponto I e duas de Contraponto II – da Faculdade Santa Marcelina.

Introduzida em 1984 nos cursos de Música da Faculdade, a disciplina tinha, nos dois primeiros anos, a duração de um ano e era dirigida a todos os alunos de Música. Dessa época até o momento atual, houve várias mudanças na estrutura geral dos cursos de Música, de acordo com as necessidades percebidas ao longo do trabalho pedagógico. Em relação ao Contraponto, tais mudanças permitiram que, gradativamente, a carga horária fosse ampliada, e hoje a disciplina conta com três anos: os dois primeiros anos são dirigidos a todos os alunos dos cursos de Música, e o terceiro, exclusivamente aos alunos de Bacharelado em Composição e Regência.

No currículo da Faculdade, a disciplina Contraponto ocorre concomitantemente a:

a) Contraponto I (primeiro ano):
  - Disciplinas comuns aos alunos de todos os cursos: Percepção I, Harmonia I, Música de Câmara ou Prática de Conjunto I, História da Música I, Canto Coral I, Instrumento Complementar I, Repertório, Informática e Antropologia Filosófica.
  - Disciplinas específicas aos alunos de Composição e Regência: Laboratório de Composição I e Laboratório de Regência I.
  - Disciplinas específicas aos alunos de Educação Artística: Psicologia da Educação, Estrutura e Funcionamento de Ensino e Estruturação Musical.

b) Contraponto II (segundo ano):
  - Disciplinas comuns aos alunos de todos os cursos: Percepção II, Harmonia II, Música de Câmara ou Prática de Conjunto II, História da Música II, Canto Coral II, Instrumento Complementar II, Análise I, Temas da Cultura Contemporânea, Estética e Música Contemporânea.
  - Disciplina específica aos alunos de Composição e Regência: Laboratório de Composição II e Laboratório de Regência II.
  - Disciplinas específicas aos alunos de Educação Artística: Prática de Ensino I e Didática.

c) Contraponto III (terceiro ano):
  - Disciplinas dos cursos de Composição e Regência: Percepção III, Harmonia III, Música de Câmara ou Prática de Conjunto III, História da Música III, Canto Coral III, Instrumento Complementar III, Análise II, Arranjo, Prosódia e Monografia (projeto orientado), Introdução à Música Eletroacústica, Acústica, Laboratório de Composição III e Laboratório de Regência III.

CONTRAPONTO: O ENSINO E O APRENDIZADO NO CURSO SUPERIOR DE MÚSICA 95

Algumas disciplinas, como Harmonia, Percepção, História e Análise, têm conteúdos específicos para os cursos de Música Popular e Erudita, a partir do segundo ano. Diferentemente das disciplinas mencionadas, Contraponto não tem distinção entre as duas áreas, sendo, portanto, comum a todos os alunos dos cursos de Música. Desde que foi implantada na Faculdade, várias transformações ocorreram quanto a conteúdos abordados na disciplina, que hoje mantém a seguinte estrutura:

- Contraponto I: contraponto modal a duas vozes, fundamentado na polifonia vocal do século XVI.
- Contraponto II: contraponto tonal a duas vozes, fundamentado na música instrumental do século XVIII.
- Contraponto III: contraponto modal e tonal a mais de duas vozes.

Contraponto I

O estabelecimento das metas a serem atingidas no trabalho com as duas classes de Contraponto I foi fundamentado no fato de a disciplina constituir-se no primeiro contato dos alunos com o estudo do Contraponto. As orientações que tiveram anteriormente ao ingresso na Faculdade, conforme seus relatos, incluíam alguns segmentos da Educação Musical além da prática instrumental, como Harmonia ou Análise, mas não o Contraponto. Ademais, o idioma musical abordado no estudo era, no início do curso, desconhecido da grande maioria dos alunos.

Na Educação Musical, de modo geral, podem ser distinguidos dois tipos de conhecimento: o que corresponde ao estudo da música do passado, de suas regras, convenções, seus modos de organização e sua qualidade expressiva, tal como se apresentam no decorrer da história, e aquele que se refere ao estudo "enquanto atividade exercida pelo sujeito musical e seus modos de uso, no seio de uma comunidade que participa do mesmo tipo de experiência" (Fonterrada, 1991, p.150). O estudo do contraponto modal se insere no primeiro tipo descrito e diz respeito à polifonia vocal, que é um gênero específico dentro do período histórico do Renascimento. No primeiro ano da graduação, no qual é oferecida a disciplina Contraponto, eles ainda não têm uma visão clara da evolução dos idiomas surgidos ao longo da história da Música, o que requer a inclusão, pela dinâmica das aulas, de uma contextualização do estilo renascentista, por meio da escuta e da execução vocal de exemplos musicais do período.

O conhecimento dos princípios básicos da polifonia vocal permite que se desenvolva a escrita contrapontística em composições com similaridades estilísticas aos autores do Renascimento. Porém, o sentido do estudo do contraponto vai além de um exercício de cópia de estilo. Compor de forma parecida com Palestrina ou Orlando de Lasso envolve a imersão numa música que não tem semelhanças com a que os alunos praticam no cotidiano, o que os leva a assimilar padrões estéticos diversos dos que fazem parte do seu universo de referências, contribuindo, dessa maneira, para ampliar as possibilidades de sua vivência musical.

Segundo Jeppesen (1992, p.X), contraponto é a arte de preservar a individualidade das vozes na polifonia, num complexo harmônico equilibrado. Contraponto, portanto, envolve não só direcionamento melódico, mas também uma condução harmônica, que consiste na sequência de combinações sonoras geradas pelas linhas melódicas para a realização da escrita contrapontística, no entanto, é preciso que se parta da condução melódica, preservando, assim, a autonomia das vozes na polifonia.

O desenvolvimento do estudo do contraponto busca aguçar a percepção das características individuais das linhas melódicas, o que, além de facilitar o entendimento e a interpretação da música renascentista ou barroca, pode contribuir significativamente para o enriquecimento da prática musical dos alunos, em estilos e gêneros a que eles se dedicam. Em grande parte de seus trabalhos como compositores, arranjadores ou instrumentistas, são encontradas passagens contrapontísticas, no geral resultantes de conduções harmônicas e restritas a intervenções ocasionais. O estudo do contraponto visa

CONTRAPONTO: O ENSINO E O APRENDIZADO NO CURSO SUPERIOR DE MÚSICA **97**

a desenvolver a habilidade de lidar com a movimentação das linhas melódicas, como um recurso a ser explorado em inúmeras possibilidades, incluído em diferentes tipos de música.

Convencionou-se denominar contraponto modal o estudo fundamentado na polifonia vocal do Renascimento. Tal denominação, no entanto, não define com exatidão o idioma musical desse período, que tem como traço característico a transição do modalismo para o tonalismo, não sendo, portanto, uma música essencialmente modal. Os modos litúrgicos, desde a sua teorização no tratado *Musica enchiriadis* no século IX, foram utilizados de diferentes formas no decorrer da história até o advento da tonalidade. A prática vocal conduziu à utilização dos modos litúrgicos com notas alteradas cromaticamente, dando origem à chamada *musica ficta*, cuja assimilação na escrita contrapontística se processou de maneira gradual entre os compositores do final da Idade Média e do Renascimento.

Na polifonia vocal do Renascimento, as alterações correspondentes à *musica ficta* já são bem determinadas quanto às suas localizações nas composições; elas definem os pontos cadenciais pela utilização da nota sensível, além de suavizar certas passagens melódicas que, originalmente, soam ásperas e oferecem dificuldades de execução. Tais alterações conferem aos modos uma sonoridade peculiar, que não é desprovida de direcionalidade como a música essencialmente modal, mas que também não é regida por parâmetros fundamentados nas relações funcionais que dizem respeito a concepções tonais.

O estudo do contraponto que tem como base a *musica ficta* possibilita que os alunos vivenciem esse idioma musical único, que ressalta certas sutilezas da música vocal dificilmente perceptíveis no trabalho com outros estilos musicais.

Introdução ao estudo

Foram apresentados aos alunos, primeiramente, exemplos musicais, ressaltando recursos contrapontísticos com maior ou menor evidência em diferentes estilos surgidos no decorrer da história da

Música. Os exemplos musicais, que abrangeram pequenos trechos de obras, do início da polifonia até a música do século XX, foram ouvidos e comentados, possibilitando a conceituação de termos como contraponto, harmonia e polifonia.

Para estimular a percepção do contraponto em estilos diversos daquele enfocado na disciplina, foi solicitado aos alunos que trouxessem, no decorrer do ano, exemplos de contrapontos que lhes chamassem a atenção, em qualquer tipo de música. Os exemplos trazidos foram inseridos na dinâmica das aulas como atividade de escuta, o que gerou discussões interessantes, dada a diversidade de tratamentos contrapontísticos encontrada nos gêneros musicais apresentados.

Como introdução à técnica do contraponto, foram apresentados os modos e suas alterações, e sua contextualização em exemplos de linhas melódicas extraídas de composições variadas de Palestrina. Tais exemplos foram cantados pelos alunos, sendo particularmente ressaltadas algumas características do estilo, como fluência rítmica e melódica; ausência de quadratura e de repetições motívicas e contornos melódicos de fácil execução vocal.

Na sequência, foi trabalhada a composição de *cantus firmus*. Nesse aspecto, há divergências entre os autores das obras didáticas: alguns incluem a realização de *cantus firmus* como etapa preliminar do estudo, e outros começam diretamente com o contraponto a duas vozes. A determinação de que os alunos compusessem *cantus firmi* teve como objetivo facilitar a assimilação da condução melódica em linhas individuais, tendo-se em vista que a etapa seguinte do estudo – as espécies a duas vozes – envolve também os parâmetros relativos ao aspecto harmônico, acrescentando mais elementos a serem assimilados.

Contraponto a duas vozes – as espécies

O contraponto a duas vozes foi introduzido pelo sistema das espécies.[1] Dentre as linhas de ensino presentes no material didático

---

1 O sistema das espécies está descrito e exemplificado no Capítulo 1.

CONTRAPONTO: O ENSINO E O APRENDIZADO NO CURSO SUPERIOR DE MÚSICA 99

explorado, julgou-se ser esse sistema o mais apropriado, partindo-se de que, no primeiro ano da graduação, dificilmente os alunos teriam condições de apreender, de imediato, as formas de se lidar com todos os valores rítmicos utilizados na composição contrapontística; no sistema das espécies, o fato de trabalhar com uma proporção rítmica de cada vez permitiu que os princípios melódicos e as relações de consonância e dissonância do contraponto fossem assimilados de forma gradual. Nesse contexto, os parâmetros rítmicos de construção foram deixados de lado para não sobrecarregar as referências aos alunos, de maneira geral, pouco afeitos a esse tipo de material.

Foram observados diversos aspectos das particularidades de cada espécie.

Na primeira espécie, os princípios de condução melódica de semibreves já haviam sido assimilados no trabalho com *cantus firmus,* o que possibilitou dar maior ênfase à condução harmônica das vozes. A autonomia das vozes, em parte, ficou garantida pelas regras básicas seguidas, como a não coincidência de pontos culminantes nas duas linhas, o cuidado para atingir consonâncias perfeitas em movimento contrário e um limite para a repetição consecutiva da mesma consonância imperfeita.

Na segunda espécie, a percepção da individualidade expressiva das vozes foi facilitada pela diferença de valores rítmicos entre as linhas melódicas do *cantus firmus* e do contraponto. No entanto, a restrição da utilização de dissonâncias unicamente como notas de passagem limitou, de certa forma, o desenvolvimento da linha do contraponto, ocasionando grande quantidade de saltos, o que, além de comprometer a fluência melódica, levou a se ultrapassar o limite recomendável à extensão das vozes. A dificuldade em conduzir o contraponto de forma fluente foi especialmente observada na segunda espécie.

Depois de trabalhada a segunda espécie, houve uma alteração na ordem estabelecida das espécies, e a quarta espécie antecedeu a terceira. A resolução dessa alteração partiu do fato de que a quarta espécie, por utilizar mínimas, é mais próxima da segunda espécie do que a terceira, que é composta por semínimas. O objetivo foi abordar, na sequência, os dois tratamentos básicos de dissonâncias e de condução melódica de mínimas. Na quarta espécie ficou mais claro para os alunos o contraste entre consonâncias e dissonâncias, ressaltado pelo efeito das dissonâncias suspensas e de suas resoluções em consonâncias imperfeitas. Dentre as cinco espécies, a quarta foi a que apresentou maior facilidade na realização dos exercícios, que passaram a ter maior fluência melódica comparativamente à segunda espécie.

Para a realização da terceira espécie, optou-se por um trabalho prévio com a linha melódica de semínimas sem o *cantus firmus*. Tal procedimento partiu do fato de que as semínimas têm um tratamento melódico mais restrito do que as semibreves e as mínimas vistas nas espécies precedentes, com mais regras a serem acrescentadas. Na terceira espécie completa, com *cantus firmus*, a condução do aspecto harmônico foi facilmente assimilada, de modo que as dificuldades mais evidenciadas recaíram sobre o desenvolvimento melódico. Em contrapartida, em razão dos limites impostos aos movimentos das semínimas, houve predominância de graus conjuntos, o que, de certa forma, influenciou na realização de contrapontos com razoável fluência melódica, facilmente perceptível aos alunos.

Na quinta espécie, a linha melódica com os valores rítmicos foi trabalhada individualmente, de forma similar à terceira espécie. Foi enfatizada a necessidade de se distribuírem as figuras rítmicas de maneira diversificada, assim como de se visar à direcionalidade da voz individual, a qual deveria ter um ponto culminante devidamente preparado, seguido de movimentos mais brandos até se atingir a nota final. Embora a direcionalidade já tivesse sido abordada nas outras espécies, nesse momento foi especialmente enfatizada, em razão da utilização dos valores rítmicos diferenciados, o que, naturalmente, abriu mais possibilidades de condução da linha melódica. O aspecto harmônico foi enfocado com base nas espécies vistas, com acréscimo de procedimentos específicos correspondentes a conduções rítmicas com valores mistos. A dificuldade maior dos alunos nessa espécie foi compor linhas melódicas que não tivessem características

CONTRAPONTO: O ENSINO E O APRENDIZADO NO CURSO SUPERIOR DE MÚSICA **101**

de melodias feitas com fórmula de compasso e com repetição de motivos. Foi preciso que se chamasse a atenção com frequência a esse aspecto, visto que a fluência rítmica mais característica do estilo renascentista é fundamentada na diversidade das figuras, não havendo apoios pronunciados de tempos fortes e fracos.

Composições a duas vozes

Como introdução à composição a duas vozes, foi exercitado o contraponto de duas linhas melódicas de quinta espécie sem *cantus firmus*, sendo salientada a necessidade da utilização de ritmo complementar entre as vozes. Na sequência, foram vistos os tipos de imitação característicos da Renascença: rigorosa, por inversão dos intervalos melódicos, por aumento e por diminuição dos valores rítmicos. Os exercícios consistiram na composição de pequenos trechos a duas vozes, com a extensão aproximada das espécies.

O primeiro trabalho maior do que as espécies foi a composição de bicínios,[2] visando à preparação para a composição de motetos.[3] O trabalho não teve o objetivo de seguir com fidelidade os bicínios renascentistas, e sim assimilar a estrutura formal do moteto, aplicando os princípios já estudados a uma composição musical definida, antes de acrescentar a colocação de texto. Foram seguidos como modelos alguns exemplos didáticos de bicínios, de autoria de J. Fux (1660-1741). Tais exemplos, se, por um lado, não correspondem com exatidão às características da música instrumental do século XVI, mais livre do que a polifonia vocal em vários aspectos, por outro, foram compostos nas mesmas bases dos princípios da música vocal, vistos nas espécies.

---

2 Bicínio: composição instrumental a duas vozes, em estilo imitativo.

3 Moteto: composição polifônica que assumiu diferentes características no decorrer da história da Música. O moteto do século XVI, abordado no estudo do contraponto modal, é uma obra vocal de caráter religioso, cantada *a capella,* a duas ou mais vozes, em estilo imitativo.

Na etapa seguinte foram trabalhados os princípios para a colocação de texto. Inicialmente, utilizaram-se fragmentos de textos religiosos em latim, em linhas melódicas individuais. Os alunos já haviam tido contato com textos similares na prática de Canto Coral, o que os estimulou a buscar referências no repertório conhecido.

Na sequência, foram apresentados aos alunos diferentes textos para a composição dos motetos, incluindo-se os textos das partes estruturais da missa. Eles escolheram aqueles que iriam utilizar, realizando as composições dentro dos parâmetros estabelecidos desde o trabalho com os bicínios.

Metodologia e avaliação

A dinâmica das aulas obedeceu sempre à sequência: apresentação e análise de exemplos musicais do assunto a ser estudado, exposição dos princípios do contraponto relacionados aos exemplos e exercícios práticos dos alunos, discutidos coletivamente.

A apresentação de exemplos como primeira etapa do trabalho a cada assunto abordado teve como objetivo fazer que os alunos deduzissem seus princípios norteadores, pela análise e discussão das características mais evidentes da escrita contrapontística. Na exposição das espécies, ressaltaram-se a condução melódica e os tratamentos de consonâncias e dissonâncias, relacionados às proporções rítmicas enfocadas. No trabalho com bicínios e motetos, foram acrescentados os parâmetros referentes à estrutura formal, incluindo a elaboração dos pontos cadenciais de acordo com cada modo utilizado.

As regras relativas às espécies foram expostas com base nos exemplos vistos, sendo discutidas, em detalhes, as conduções melódicas e harmônicas mais convenientes, dentro das características estilísticas da polifonia vocal renascentista. As razões que fundamentam a maior parte das restrições contidas nas regras foram facilmente entendidas pelos alunos, por resultarem em efeitos contrários aos padrões determinados pela estética do período em questão, o que foi constatado ao serem cantadas passagens contrapontísticas consideradas corretas e incorretas. O entendimento, no entanto, não significou a fácil assimilação das regras na prática da escrita. Os primeiros exercícios feitos pelos alunos a cada espécie continham erros diversos, correspondentes aos aspectos discutidos no estabelecimento das regras. Alguns exercícios das espécies foram realizados em aula, coletivamente. A maioria dos trabalhos dos alunos, porém, foi feita extraclasse, individualmente. Tais trabalhos foram expostos à classe, cantados e comentados quanto à facilidade ou dificuldade de execução e ao resultado musical, de acordo com o cumprimento ou não das regras estabelecidas. Essa dinâmica se repetiu em relação aos bicínios e motetos. Os bicínios foram compostos para as formações instrumentais disponíveis na classe, de forma a possibilitar a execução em aula.

O contato que os alunos tiveram com exemplos musicais do repertório renascentista se deu: na primeira aula, dentro do panorama apresentado de fragmentos de obras do período; na execução vocal de linhas melódicas extraídas da música de Palestrina; na escuta de uma missa inteira de Palestrina, para a observação do tratamento do texto cantado e na execução vocal de motetos a duas vozes de Orlando de Lasso.

No decorrer do trabalho com as espécies, foram realizadas duas provas. A avaliação foi positiva em relação à apreensão das regras; no entanto, a demasiada atenção dada ao cumprimento das regras ocasionou a realização de contrapontos, no geral, corretos, porém pouco musicais. Esse fato, em parte, justifica-se pela própria natureza das quatro primeiras espécies, que impõem uma condução rítmica invariável; ademais, a percepção dos alunos, nesse estágio do estudo, ainda não é suficiente para que eles tenham a exata noção do que escrevem, sem apoio de instrumento.

Para avaliação dos bicínios e motetos, os alunos apresentaram trabalhos feitos extraclasse; o processo da composição foi acompanhado a cada seção composta, que eles traziam para a discussão em aula. Nessa etapa do trabalho, os recursos técnicos de escrita já haviam sido assimilados e utilizados com relativa facilidade, possibilitando que os alunos concentrassem mais atenção no aspecto musical.

104 VERA HELENA MASSUH CURY

Dessa forma, a maior parte dos trabalhos apresentou resultados satisfatórios em termos técnicos e musicais.

A bibliografia utilizada para a condução do trabalho foi, basicamente:

JEPPESEN. *The polyphonic vocal style of the sixteenth century*, 1992.
KOELLREUTTER. *Contraponto modal do século XVI (Palestrina)*, 1996.

Os alunos acompanharam as aulas expositivas tendo como suporte o livro de Koellreutter, sendo acrescentadas algumas considerações, assim como exemplos musicais, com base no livro de Jeppesen. Os exemplos dos bicínios de Fux foram extraídos da coletânea *Schola cantorum*, 1974, v.III.

Como leitura complementar, foram recomendados, ainda, os livros:

CARVALHO. *Contraponto modal* – Manual prático, 2000.
MOTTE. *Contrapunto*, 1991.
OWEN. *Modal and tonal counterpoint*, 1992.

Os trabalhos dos alunos

Os alunos apresentaram bicínios e motetos a duas vozes como trabalhos finais. O total de trabalhos recebidos foi de 49 bicínios e 49 motetos. Desse total foram selecionados três bicínios e três motetos, expostos a seguir. A seleção teve como objetivo determinar uma amostra significativa dos resultados do aprendizado, reunindo as características que mais se evidenciaram na totalidade dos trabalhos, as quais são ressaltadas na sequência da apresentação das partituras.

Bicínios

Foi determinada para a composição dos bicínios a estrutura formal em três seções, finalizadas com cadências claras sobre notas determinantes do modo utilizado. Estabeleceu-se que as seções fossem imitativas, havendo a possibilidade de se optar por um ou mais tipos de imitação vistos nos exercícios.

CONTRAPONTO: O ENSINO E O APRENDIZADO NO CURSO SUPERIOR DE MÚSICA 105

106 VERA HELENA MASSUH CURY

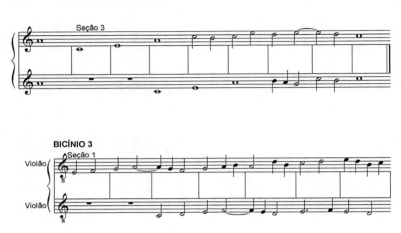

BICÍNIO 3

CONTRAPONTO: O ENSINO E O APRENDIZADO NO CURSO SUPERIOR DE MÚSICA **107**

O Bicínio 1 obedece aos princípios estabelecidos quanto ao encaminhamento melódico e rítmico das vozes e quanto ao tratamento de consonâncias e dissonâncias. Foram utilizados os recursos imitativos trabalhados nas aulas, dos quais dois tipos são empregados: imitação rigorosa nas duas primeiras seções e por inversão melódica na terceira seção, e em todas as seções há deslocamento da posição métrica dos motivos. Embora todas as regras tenham sido respeitadas, as vozes apresentam um desenvolvimento melódico restrito, especialmente nas seções 2 e 3, nas quais os âmbitos melódicos atingidos pelas duas vozes poderiam ter sido mais extensos, para favorecer a direcionalidade das linhas melódicas. As três cadências têm tratamento similar, havendo sempre o salto de quarta justa na voz inferior para atingir a nota final e a não inclusão de nota sensível. As possíveis variações de elementos constitutivos da cadência, como nota sensível, síncopa sobre a nota final, colcheias em partes secundárias, enriqueceriam a composição como um todo. Pode-se observar que as propostas melódicas das três seções são diferentes entre si, mostrando que não houve preocupação em se estabelecer uma unidade formal pelo retorno a um motivo já utilizado.

No Bicínio 2 não foram observados muitos dos princípios básicos estabelecidos nas aulas. De início, há quatro saltos melódicos na mesma direção na voz superior, o que leva a ser atingido um âmbito melódico de uma décima terceira, sendo que duas regras não foram seguidas: quando são empregadas mínimas ou semibreves, somente são possíveis dois saltos consecutivos na mesma direção, e o âmbito melódico não deve exceder uma oitava. A não obediência a essas regras fez que a fluência melódica ficasse comprometida, afastando-se, dessa forma, da escrita contrapontística proposta no estudo. Na primeira cadência, não há possibilidade de alteração de nota sensível – fá sustenido –, pois criaria um intervalo de quinta diminuta em relação à nota anterior – dó. Teria sido mais conveniente conduzir a voz superior de maneira a não utilizar a passagem dó-fá na cadência, para haver a possibilidade de alteração da nota sensível, que é uma das características do estilo. Harmonicamente, há várias dissonâncias não resolvidas de acordo com as regras. Quanto às imitações, foi usada apenas a imitação rigorosa, e a proposta melódica e a resposta da primeira seção figuram idênticas na terceira seção.

O Bicínio 3, além de estar dentro dos princípios estabelecidos, contém a exploração de grande parte dos elementos melódicos, rítmicos, harmônicos e formais trabalhados em aula. Há três tipos de cadências diferentes encerrando as seções: na primeira, a voz inferior é conduzida à nota final por um salto de quinta justa e a voz superior utiliza colcheias em tempo secundário, com alteração de nota sensível; na segunda, as duas vozes atingem as notas finais por graus conjuntos; na terceira são utilizadas as colcheias novamente, assim como os graus conjuntos para atingir as notas finais. Foram empregados três tipos de imitação: rigorosa na primeira seção, por aumento dos valores de duração na segunda seção com deslocamento da posição métrica do motivo e por diminuição dos valores de duração na terceira seção, que retorna à proposta melódica inicial.

Motetos

A forma dos motetos foi determinada pelas diferentes estruturas dos textos utilizados; foram apresentados aos alunos, além das partes da missa, alguns textos de Salmos que figuram em motetos renascentistas, especialmente de Palestrina.

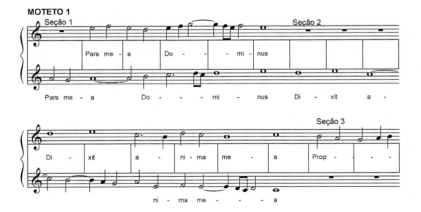

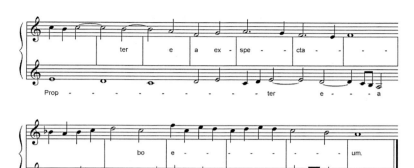

MOTETO 2

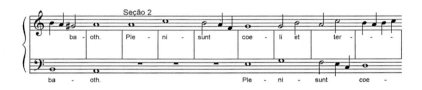

MOTETO 3

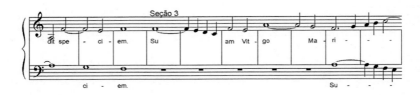

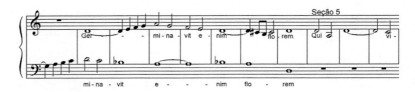
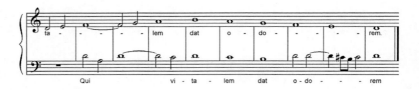

CONTRAPONTO: O ENSINO E O APRENDIZADO NO CURSO SUPERIOR DE MÚSICA **111**

O Moteto 1 se enquadra nos parâmetros estabelecidos quanto à construção rítmica e harmônica. Melodicamente, embora haja um desenvolvimento fluente, incluindo pontos culminantes nas duas vozes em cada seção, ressalta-se o âmbito melódico da voz inferior, que atinge a extensão de uma décima terceira, o que cria dificuldades de execução. A estrutura formal está bem determinada pelas cadências nos finais das frases do texto. Foram empregados três tipos de imitação: por inversão melódica na primeira seção, rigorosa na segunda, e por aumento dos valores rítmicos na terceira. Pode-se observar que houve uma exploração significativa dos elementos melódicos, rítmicos e formais que foram trabalhados nas aulas. Contudo, o texto utilizado comportaria repetições de certas palavras, o que deixaria as seções maiores, ampliando-se as possibilidades de desenvolver mais o discurso melódico das duas vozes.

O Moteto 2 apresenta problemas em vários aspectos. Há movimentos melódicos abruptos, como o que figura na primeira seção, na voz superior, o qual atinge o âmbito de uma décima primeira. Observa-se que as vozes não apresentam a fluência característica do estilo, em razão de que: há uma quantidade grande de saltos melódicos, incluindo a sequência indevida utilizada na voz superior no final do melisma sobre *tua*; há repetições de motivos, como em *Gloria* na voz superior e no melisma sobre *Hosanna*, na proposta melódica imitada da terceira seção; no aspecto rítmico não houve a atenção necessária a utilizar um número significativo de síncopas, como foi ressaltado nas aulas. Harmonicamente há dissonâncias não resolvidas e paralelismos de consonâncias perfeitas, especialmente na segunda seção. A distância entre as vozes ultrapassa os limites estabelecidos, chegando a atingir duas oitavas na segunda seção. Foram empregados três tipos de imitação: por inversão melódica na primeira seção, rigorosa na segunda, e por aumento dos valores rítmicos na terceira, e nessa a proposta não foi integralmente imitada.

O Moteto 3 está totalmente de acordo com os princípios técnicos e estéticos determinados em aula: as vozes têm desenvolvimento melódico fluente, de modo que cada seção apresenta pontos culminantes nas duas vozes; a condução rítmica inclui grande número de síncopas, fazendo que a maior parte dos tempos principais não seja articulada em uma das vozes; é empregada uma quantidade significativa de dissonâncias, especialmente na condução das cadências, todas resolvidas devidamente. Observa-se que houve uma preocupação em estabelecer uma unidade formal, pela elaboração das propostas melódicas. O texto utilizado é maior do que os textos dos Motetos 1 e 2, o que permitiu o estabelecimento de cinco seções. A proposta melódica da primeira seção é invertida melodicamente na segunda; na terceira seção é apresentada nova proposta, que na quarta também passa pelo processo de inversão melódica; na quinta seção retorna a proposta inicial. As imitações empregadas foram todas rigorosas.

Aspectos relevantes do aprendizado

No início do estudo foram observados problemas básicos relacionados à escrita musical. O que mais se evidenciou, em vários trabalhos dos alunos, diz respeito à exata localização das alturas das notas; houve exercícios inteiros em que as duas vozes eram escritas de forma invertida, ou seja, a voz superior com todas as notas mais graves do que a inferior, sem que houvesse percepção do fato, o que gerou classificações confusas dos intervalos harmônicos, resultando em procedimentos considerados incorretos pelos princípios estabelecidos no estudo. No decorrer do ano esse problema foi gradualmente sanado, embora nos trabalhos finais ainda tenha havido casos esparsos nos quais é nitidamente perceptível a falta de atenção à determinação das alturas das notas, como ocorre no Moteto 2.

Foi constatado que, para parte dos alunos, as notas alteradas com base nos princípios da música ficta eram consideradas notas enarmônicas. Em vários casos, teve de ser corrigido, por exemplo, o intervalo harmônico ou melódico de fá-sol#, uma segunda aumentada, portanto, uma dissonância; no entender dos alunos, esse intervalo seria permitido por se tratar de uma terça menor. Da mesma

CONTRAPONTO: O ENSINO E O APRENDIZADO NO CURSO SUPERIOR DE MÚSICA 113

forma, o intervalo melódico descendente fá-dó# foi utilizado em diversos exercícios, com a justificativa de ser uma terça maior, e não uma quarta diminuta. O fato de que as enarmonias não deveriam ser consideradas foi entendido na prática de execução vocal dos exercícios. Pôde-se perceber que as alterações são condizentes ao contexto do modo com o qual se trabalha, e que o tratamento melódico evidencia o intervalo fá-sol# como segunda aumentada, e não como terça menor, assim como ocorre com o intervalo fá-dó#, uma quarta diminuta e não uma terça maior.

No geral, foi observada entre os alunos a tendência em fixar mais a atenção no aspecto harmônico do que no melódico. No início do estudo a duas vozes, constatou-se que eles se baseavam nos intervalos harmônicos para conduzir as linhas melódicas, isto é, fazendo-se o caminho inverso do que seria o ideal da escrita contrapontística. É certo que o aspecto harmônico não é, simplesmente, um resultado aleatório das combinações melódicas; há critérios a ser seguidos em sua concepção. Porém, não deve ser o ponto de partida na composição fundada nos parâmetros da polifonia renascentista. Foi necessário ressaltar, com frequência, a importância de se preservar a individualidade das linhas melódicas como fator primordial da realização da escrita contrapontística.

No decorrer do trabalho com as espécies, constantemente foi preciso voltar a mencionar o período no qual se fundamenta o estudo, pois, mesmo sendo dadas desde o início as referências necessárias, houve indagações como: "Que século nós estamos estudando agora?", como se o estudo tivesse uma evolução histórica, e cada espécie representasse um período dessa evolução. Somente depois de iniciada a etapa de composição a duas vozes ficou de fato entendido o caráter didático das espécies, como uma fase preparatória para a elaboração das duas vozes do contraponto.

A metodologia das espécies mostrou-se eficaz para a assimilação dos princípios técnicos estabelecidos, possibilitando que nos trabalhos de composição a duas vozes houvesse um enfoque mais voltado a elementos estéticos do que a regras de escrita.

O processo de aprendizagem envolveu diferentes atitudes dos alunos no decorrer do desenvolvimento do estudo. No início, o empenho que eles demonstravam era dirigido exclusivamente ao cumprimento das normas do contraponto aprendidas, resultando em exercícios pouco musicais. No entanto, à medida que novos elementos foram incorporados à escrita, houve uma atenção maior à qualidade das linhas melódicas. As vozes do contraponto tornaram-se mais fluentes a partir da quinta espécie, em virtude da ampliação dos recursos provenientes da variedade rítmica, e com maior autonomia expressiva das linhas melódicas nas composições a duas vozes, considerando-se que a ausência do *cantus firmus* constituído de semibreves possibilitou a dinâmica de complementaridade rítmica e a utilização dos princípios de imitação, elementos essenciais da polifonia renascentista, referência que norteou o estudo, técnica e esteticamente.

Contraponto II

Na determinação dos objetivos a serem alcançados com as classes de Contraponto II levou-se em consideração o fato de os alunos já terem cursado Contraponto I e Harmonia I no ano anterior, e adquirido os conhecimentos básicos da escrita contrapontística a duas vozes, assim como os princípios da música tonal.

O contraponto tonal, assim como o modal, baseia-se em princípios, convenções e modos de organização tal como se apresentam no decorrer da história. Porém, seu idioma é mais familiar aos alunos do que a polifonia vocal do Renascimento, abordada em Contraponto I; independentemente do curso que fazem na Faculdade ou de atividades profissionais que exercem, os alunos têm sua prática musical, predominantemente, voltada ao universo tonal, conforme apontam os resultados da pesquisa mostrados no Capítulo 2. Mesmo aqueles que se dedicam a diferentes estilos de música atonal tiveram, ao menos em sua formação básica, contatos significativos com o repertório tonal.

CONTRAPONTO: O ENSINO E O APRENDIZADO NO CURSO SUPERIOR DE MÚSICA 115

O contraponto fundamentado nas relações tonais, no entanto, tem como referência principal o estilo instrumental barroco, o que, muitas vezes, não condiz com o vocabulário harmônico mais usual de grande parte dos alunos. A música barroca apresenta peculiaridades de um período no qual os princípios da harmonia tonal são determinados, sendo priorizada a definição das funções tonais, estabelecidas pela estrutura dos acordes perfeitos, assim como dos acordes de dominante com sétima, que pressupõem um movimento melódico das vozes direcionadas à resolução das notas sensíveis.

As concepções harmônicas dos alunos, especialmente no âmbito de música popular, envolvem a inclusão de determinadas dissonâncias, que são utilizadas como se fizessem parte da estrutura básica dos acordes. É o caso, por exemplo, do acréscimo de sétima e de nona a qualquer acorde, maior ou menor, independentemente de sua função harmônica; é tão frequente a utilização dessas dissonâncias que, para alguns alunos, os acordes perfeitos, sem qualquer dissonância acrescentada, são considerados pobres e incompletos. Ademais, não há, no geral, uma preocupação com o direcionamento melódico das vozes nas resoluções dos acordes de dominante.

Partindo de que o contraponto tonal é conduzido, fundamentalmente, pelas funções harmônicas e que essas devem ser estabelecidas com clareza, a prática da escrita a duas vozes acarreta o emprego mais sistemático de notas essenciais dos acordes do que de dissonâncias que possam, de alguma maneira, camuflar o sentido funcional do discurso harmônico. Dessa forma, apesar da familiaridade com os elementos tonais, os alunos têm contato, no decorrer do aprendizado do contraponto tonal, com uma estética musical que difere, em vários aspectos, daquela que eles vivenciam na prática habitual.

No contraponto tonal, o desenvolvimento das vozes individuais é regido pelo discurso harmônico que, na prática habitual dos alunos, é estabelecido por acordes, com pouca ou nenhuma consideração ao aspecto horizontal das linhas melódicas. O aprendizado dos princípios do contraponto tonal requer, naturalmente, uma atenção voltada aos contornos melódicos, resultantes da mescla de notas es-

116 VERA HELENA MASSUH CURY

senciais da harmonia com notas ornamentais que, estranhas às funções tonais, exigem conduções melódicas específicas para que não comprometam a definição da harmonia. A disposição dos elementos rítmicos tem um papel fundamental na preservação da individualidade das linhas do contraponto. Embora apresentando conduções rítmicas diferentes, os dois tipos de contraponto – modal e tonal – dependem da complementaridade rítmica das vozes para garantir um complexo polifônico coeso.

A música tonal produzida ao longo da história abrange uma grande diversidade de gêneros musicais, dos quais alguns apresentam maior ênfase no contraponto como recurso compositivo do que outros, mais voltados a uma textura homofônica. A compreensão das técnicas contrapontísticas presentes nos diferentes estilos depende, fundamentalmente, da assimilação dos princípios básicos das concepções polifônicas fundadas nas relações mais elementares do idioma tonal, as quais não constituem referências tão significativas para os alunos quanto a qualidade tímbrica dos componentes das estruturas musicais.

A música instrumental barroca privilegia os parâmetros essenciais das estruturas tonais, determinando, de maneira clara e objetiva, o sentido funcional da harmonia, pelo tratamento dado ao discurso melódico e à organização rítmica. O estudo do contraponto tonal lida com esses elementos de forma sistemática, fornecendo subsídios para o entendimento e a interpretação não só da música surgida no momento histórico do estabelecimento das normas que regem as relações tonais, mas dos estilos posteriores, que envolvem uma ruptura gradativa de tais normas, até o advento da atonalidade.

Introdução ao estudo

Primeiramente, foram apresentados aos alunos, por meio de audições comentadas, exemplos musicais representativos da transição dos estilos renascentistas para a música barroca, de forma geral. Esses exemplos incluíram gêneros vocais e instrumentais que, surgidos

CONTRAPONTO: O ENSINO E O APRENDIZADO NO CURSO SUPERIOR DE MÚSICA 117

contemporaneamente à técnica contrapontística vista em Contraponto I, prenunciaram o idioma tonal com maior evidência do que a escrita palestriniana. Dessa forma, a atividade de escuta envolveu madrigais e gêneros instrumentais, abrangendo conjuntos e instrumentos solo. Foram ressaltados os elementos que se tornaram recursos expressivos nos madrigais, como as passagens cromáticas e o emprego mais livre de dissonâncias. Na música instrumental foi destacada a tendência ao tratamento harmônico, com apoio de acordes, especialmente nas formas de danças, e o caráter improvisatório das composições para instrumento solo. Em seguida, foram abordadas as inovações do barroco, numa breve exposição sobre as características da melodia acompanhada e a prática do baixo contínuo.

Os exercícios de escrita iniciaram-se com a composição de linhas melódicas individuais, trabalhadas em suas características básicas, tomando como referência segmentos extraídos do repertório bachiano. Foram enfocados os seguintes aspectos:

- Definição da sequência harmônica pela disposição dos elementos rítmicos e melódicos, mesmo sem a presença de outra voz.
- Repetição de motivos rítmicos e melódicos na formação de progressões harmônicas.
- Direcionamento melódico estabelecido por notas estruturais que se evidenciam no desenvolvimento da melodia.
- Alterações cromáticas do modo menor.
- Linha melódica composta, na qual a disposição do material temático, alternando regiões graves e agudas do âmbito melódico atingido, forja o efeito polifônico, sugerindo a existência de duas vozes em contraponto.
- Elementos constitutivos de cadências, adequados para a clara definição de centros tonais e de cesuras formais.

Contraponto a duas vozes – as espécies

O contraponto a duas vozes foi introduzido pela metodologia das espécies, com certas adaptações, possibilitadas pela organização melódica e rítmica dos elementos característicos do contraponto fundamentado na tonalidade. Dessa forma, os princípios básicos relativos às espécies, vistos em Contraponto I, foram expandidos em vários aspectos, decorrentes, sobretudo, da não obrigatoriedade de se ater unicamente a um *cantus firmus* previamente estabelecido para os exercícios de escrita a duas vozes. A referência do *cantus firmus* como ponto de partida foi substituída, em alguns estágios do desenvolvimento do estudo, por sequências harmônicas determinadas, o que permitiu a criação simultânea das duas vozes do contraponto desde os primeiros exercícios.

Comparativamente, o contraponto tonal engloba uma variedade maior de valores rítmicos do que o contraponto modal, cujo menor valor utilizado é a semínima – as colcheias são empregadas, eventualmente, em forma de ornamento, não se constituindo em elementos estruturais da organização rítmica. Dessa forma, o contraponto modal é composto, basicamente, por breves, semibreves, mínimas e semínimas. No contraponto tonal, o desenvolvimento rítmico conta não só com esses valores, mas com figuras de menor duração do que a colcheia, além de ser estabelecido a partir de uma fórmula de compasso, que pode determinar diferentes unidades de tempo, permitindo que as proporções rítmicas das espécies possam ser exploradas com valores de duração diversos.

O trabalho com a primeira espécie teve como foco principal a importância da definição das funções harmônicas, ressaltando as notas mais determinantes dos acordes perfeitos, maiores e menores, e dos acordes maiores com sétima menor. No início, a tendência dos alunos foi considerar o aspecto harmônico do contraponto de maneira similar ao contraponto modal, pela classificação dos intervalos como consonâncias ou dissonâncias. Na prática do contraponto tonal, essas concepções não são determinantes; o aspecto harmônico das duas vozes é regido pelo emprego de notas pertinentes ou não à função harmônica que se quer estabelecer. Dessa forma, as restrições do contraponto modal em relação ao uso de dissonâncias não são concernentes ao contraponto tonal. Os intervalos de trítono ou de sétima

CONTRAPONTO: O ENSINO E O APRENDIZADO NO CURSO SUPERIOR DE MÚSICA **119**

menor, por exemplo, são perfeitamente apropriados à definição da harmonia, não importando o fato de serem dissonâncias. Em contrapartida, as consonâncias perfeitas são restritas a contextos específicos que lhes confiram um sentido harmônico facilmente perceptível, considerando que, diferentemente das consonâncias imperfeitas, elas não têm elementos suficientes para a definição exata dos acordes que representam.

Os exercícios práticos iniciaram-se com *cantus firmi* dados, com a análise harmônica determinada. Em seguida, foram trabalhados contrapontos sem *cantus firmus*, a partir de sequências harmônicas dadas. O estudo da primeira espécie encerrou-se com exercícios totalmente elaborados pelos alunos; alguns optaram por compor um *cantus firmus* como referência, enquanto outros estabeleceram primeiramente a sequência harmônica e criaram as duas vozes simultaneamente.

Na segunda espécie foi abordado, em princípio, o tratamento de notas estranhas à harmonia. Alguns desses tratamentos já haviam sido vistos em Contraponto I, em relação ao emprego de dissonâncias: notas de passagem, bordaduras e suspensões, aos quais foram acrescentados os referentes a antecipações, apogiaturas e escapadas, essas já trabalhadas na terceira espécie do contraponto modal, na forma específica da *cambiata*. Foram realizados exercícios com *cantus firmi* constituídos de iguais valores de duração, utilizando diferentes fórmulas de compasso, mantendo a proporção de duas notas contra uma, com valores rítmicos diversos. A etapa seguinte envolveu o trabalho com ritmo complementar das duas vozes, a partir de linhas melódicas dadas, compostas de um único motivo rítmico repetido em sequência, formado por dois valores próximos, por exemplo, uma mínima e duas semínimas, ou uma semínima e duas colcheias. Essas linhas melódicas, apresentadas primeiramente com as funções harmônicas estabelecidas, fizeram o papel de *cantus firmi*, servindo de base para o contraponto, formado pelos mesmos valores rítmicos, dispostos em relação de complementaridade ao desenvolvimento motívico determinado. Seguiram-se exercícios com linhas melódicas dadas sem especificações de funções harmônicas, e de livre criação dos alunos, partindo da proporção de duas notas contra uma.

Na terceira espécie foram consideradas as proporções de três e de quatro notas contra uma. Como referência das formas mais características dessas proporções, foram analisados os prelúdios V (Ré Maior) e VI (Ré Menor) do primeiro volume do *Cravo bem temperado*, de J. S. Bach. Objetivaram-se nas análises tanto a classificação das funções harmônicas quanto os tratamentos das notas estranhas à harmonia, ressaltando os casos mais usuais de emprego de notas de passagem seguidas e de bordaduras duplas.

Na quarta espécie foram abordados os tipos de tratamento de notas sincopadas, estranhas à harmonia: suspensão e antecipação, essa já vista na segunda espécie, sem ligadura. Como referência do tratamento de suspensões, foi feita a análise da *Invenção VI* (Mi Maior) a duas vozes, de J. S. Bach. A *Invenção III* (Ré Maior), embora não inteiramente composta sobre notas sincopadas como a VI, foi tomada como exemplo de suspensões que incluem a inserção de notas entre seu aparecimento e sua resolução.

Os exercícios de escrita de terceira e de quarta espécie obedeciam à mesma sequência da segunda espécie: *cantus firmi* dados, linhas melódicas dadas para o trabalho de ritmo complementar e criação das duas linhas do contraponto.

Os tipos de exercícios trabalhados até a quarta espécie englobaram uma gama significativa de combinações de valores rítmicos, não se atendo a valores fixos, como no estudo do contraponto modal. Dessa forma, não foi considerado necessário o trabalho com a quinta espécie, que teria a função de determinar as características da atividade rítmica das vozes, reunindo todos os valores de duração vistos nas espécies precedentes. Considerando que os exercícios praticados até então envolveram os elementos estruturais básicos, como se apresentam na composição da música instrumental barroca, foi introduzida a composição a duas vozes a partir da conclusão da quarta espécie.

CONTRAPONTO: O ENSINO E O APRENDIZADO NO CURSO SUPERIOR DE MÚSICA 121

Composições a duas vozes

O trabalho de composição a duas vozes iniciou-se com danças de suíte que, embora não tenham como traço característico a técnica contrapontística explorada em todos os seus recursos técnicos, como as invenções ou as fugas, mostraram-se apropriadas para os primeiros trabalhos de aplicação dos princípios de escrita aprendidos, considerando que:

- A estrutura formal das danças é relativamente simples, se comparadas a outras formas de música barroca.

- Dentre as características do desenvolvimento rítmico das danças, o sentido das fórmulas de compasso utilizadas é enfatizado não só pela disposição rítmica, mas também por sequências harmônicas coerentes aos apoios de acentuação métrica.

- As modulações contidas na forma das danças, no geral, são claras, podendo se constituir em referências facilmente entendidas pelos alunos.

- O tratamento do material temático nas danças, via de regra, envolve a retomada dos motivos iniciais em outro centro tonal, o que, além de desenvolver o sentido de unidade da composição, exercita a percepção dos alunos para a assimilação das formas essencialmente imitativas.

Foram ouvidos exemplos de danças do período barroco, ressaltando as características rítmicas e a estrutura formal. Dentre os exemplos, figuraram composições para instrumentos diversos (harmônicos e melódicos), assim como para conjuntos orquestrais. Foram tomadas, como referência para a composição, as suítes francesas e inglesas de J. S. Bach, das quais cada aluno escolheu uma dança, que foi analisada e utilizada como modelo de tratamento harmônico e contrapontístico.

Em seguida às danças, iniciou-se o trabalho com invenções a duas vozes. Foram ouvidas as Invenções a duas vozes de J. S. Bach, ressaltando tanto a estrutura formal básica quanto a diversidade de tratamentos da técnica de imitação, presente nesse material. Os princípios de imitação já haviam sido vistos no estudo do contraponto modal, sendo feitos, nesse estágio do estudo, alguns exercícios de imitação apenas para que os alunos se inteirassem do tipo de sujeito utilizado nas invenções, o qual guarda significativas diferenças com as propostas imitadas na polifonia vocal renascentista. Como preparação para a composição, foi trabalhado, também em forma de exercícios breves, o desenvolvimento melódico de caráter modulante, calcado em progressões harmônicas, sobre o qual se estruturam, principalmente, os episódios de transição entre as exposições contidas na Invenção. Em seguida aos exercícios preparatórios, cada aluno escolheu uma das Invenções ouvidas, tomada como modelo para a composição, assim como ocorreu com as danças.

Metodologia e avaliação

Quanto à metodologia, o início do trabalho foi feito de forma similar ao Contraponto I, com apresentação de exemplos relativos a cada espécie e de seus princípios básicos, seguida de exercícios de escrita feitos pelos alunos, discutidos coletivamente. A partir do contraponto de terceira espécie com ritmo complementar, os exercícios passaram a ser mais extensos, e o procedimento adotado até então, com a exposição desses exercícios no quadro-negro, ocupava grande parte do tempo das aulas, favorecendo a dispersão de atenção dos alunos e comprometendo a dinâmica do trabalho.

A busca por recursos didáticos que pudessem otimizar o tempo das aulas levou à incorporação de computadores em rede à prática pedagógica, tendo em vista a disponibilidade desse tipo de equipamento na Faculdade e a familiaridade dos alunos com a linguagem informatizada. Os exercícios deixaram de ser escritos à mão e passaram a ser sequenciados no *software* com o qual os alunos estavam habituados a lidar, e que havia sido usado como referência nas aulas de Informática, disciplina que eles cursaram no ano anterior. Dessa

CONTRAPONTO: O ENSINO E O APRENDIZADO NO CURSO SUPERIOR DE MÚSICA   123

forma, todas as aulas destinadas à discussão dos exercícios práticos, das espécies à composição a duas vozes, foram realizadas no laboratório de informática, cujos recursos possibilitaram a apreciação dos trabalhos por todos os alunos do grupo, incluindo não só a escuta, mas a análise de partituras, essas projetadas num telão.

A utilização desses novos meios didáticos, além de solucionar a questão prática da exposição dos exercícios, teve fundamental importância na condução do ensino que se seguiu, por fornecer certos dados referentes aos alunos, dificilmente perceptíveis no decorrer da prática pedagógica anterior, considerando que:

a) Os alunos passaram a contar com maior facilidade para ouvir o que escreviam, possibilitando que mostrassem nos trabalhos uma intenção mais musical do que o simples cumprimento de normas de escrita; até então, era grande o número de alunos que, por não dominarem um instrumento harmônico, realizavam os contrapontos de maneira mecânica, considerando que a percepção de duas vozes simultâneas, com raras exceções, ainda não era suficientemente desenvolvida para essa prática sem o apoio de um instrumento.

b) O computador permite o contato e a experiência com uma gama significativa de variáveis, que incluem, especialmente, timbres e andamentos. Dessa forma, os alunos puderam determinar o caráter que queriam imprimir às composições, o que era frequentemente discutido e eventualmente, mudado, possibilitando o desenvolvimento da percepção das diferenças de identidade de uma ideia musical quando submetida às variáveis referidas.

c) Quando os trabalhos eram escritos à mão, muitas vezes apresentavam falta de certos acidentes, correspondentes à alteração de sensível ou a funções secundárias, o que poderia ser interpretado não como um erro de concepção, mas como uma falha de escrita. Com a música sequenciada, não há lugar para tal interpretação, considerando que, se há erros desse tipo, significa que eles são ouvidos e não são percebidos, denotando problemas reais de concepção harmônica e melódica.

d) As discussões a respeito dos trabalhos expostos remetiam, frequentemente, ao levantamento de soluções para situações problemáticas do contraponto, com sugestões feitas pelo grupo de possíveis alterações de notas, o que, no geral, era rapidamente experimentado. A agilidade da escrita e a facilidade de escuta imediata permitiam várias tentativas até uma forma definitiva. Esse procedimento, anteriormente, tomava um tempo significativamente maior, considerando a escrita no quadro-negro e a execução no piano, nem sempre condizente ao andamento pretendido.

A atividade no laboratório de informática, iniciada a partir dos exercícios de terceira espécie com ritmo complementar, não abrangeu a totalidade do trabalho pedagógico que se seguiu; na sala de aula tradicional foram feitas as aulas expositivas, correspondentes a cada assunto novo abordado, assim como as atividades de escuta e análises de obras do repertório bachiano, que referenciaram os exercícios práticos.

A primeira avaliação constou de uma prova no final do primeiro bimestre, a qual incluiu: um exercício de primeira espécie com sequência harmônica dada, sem *cantus firmus*, para compor as duas vozes; um exercício de segunda espécie com *cantus firmus* dado e uma linha melódica com durações variadas para realizar o contraponto com ritmo complementar. Os resultados da prova não acrescentaram dados àqueles já constatados nos exercícios mostrados em aula; porém, foi possível tomar conhecimento do grau de aprendizado de todo o grupo, considerando que nem todos tinham participação ativa nas aulas, na exposição dos exercícios. Pôde-se deduzir que o problema central dos alunos era a definição da harmonia dentro da estética barroca; embora tenha sido enfatizado no decorrer das aulas o emprego das notas mais adequadas para representar os acordes, foram muitos os casos de sétimas que não eram de dominantes e de

CONTRAPONTO: O ENSINO E O APRENDIZADO NO CURSO SUPERIOR DE MÚSICA 125

segunda inversão de acordes perfeitos, essa usada por alguns, aliás, para definir inícios e finais do contraponto. Houve problemas de condução melódica em certos casos, porém não se configurando como uma generalidade.

A partir da terceira espécie, as avaliações foram feitas pelos trabalhos sequenciados no computador: terceira e quarta espécies com ritmo complementar, dança de suíte e invenção a duas vozes. O trabalho de composição das danças e das invenções foi acompanhado a cada etapa.

Comparativamente, a avaliação do contraponto tonal apresenta maiores dificuldades do que a do contraponto modal. Esse contém princípios rígidos que, de certa forma, determinam critérios mais absolutos de avaliação, visto que as regras estabelecidas abrangem quase a totalidade de ocorrências musicais prováveis, e o cumprimento das regras é essencial para que os contrapontos se enquadrem no estilo musical que referencia o estudo.

No contraponto tonal não há princípios rígidos, e sim normas que orientam os procedimentos básicos de escrita, permitindo inúmeras possibilidades de organização dos elementos contrapontísticos, as quais envolvem uma variedade considerável de desenvolvimentos melódicos, rítmicos e harmônicos. Dessa forma, os exercícios práticos, desde as espécies até as composições, apresentam certas ocorrências nem sempre condizentes a uma lógica musical, mas sem o suporte de regras determinadas que as defina como incorretas. Ademais, há elementos que, a depender do contexto, são adequados ou não, como a utilização de consonâncias perfeitas e a inclusão de escapadas e apogiaturas que descaracterizam o sentido de funções harmônicas, apesar de seguirem as normas quanto ao tratamento de notas estranhas à harmonia. Os critérios de avaliação, portanto, em muitos aspectos, não podem ser absolutos, o que requer uma prática de escuta atenta e dirigida junto aos alunos, para que seja esclarecida cada situação particular.

Dentre a bibliografia destinada ao estudo do contraponto tonal não há obras escritas em português, ou mesmo traduzidas, que sigam a linha de ensino adotada como condutora da prática pedagógica aqui descrita. Por essa razão, na impossibilidade de determinar um livro de fácil acesso aos alunos para servir de apoio às aulas expositivas ou como complementação às atividades práticas, da maneira como ocorreu com o contraponto modal, foi elaborado um material didático em forma de apostilas, correspondentes a cada assunto abordado.

As apostilas tiveram como referência dois livros em especial: *Counterpoint in the style of J. S. Bach*, de Thomas Benjamin (1986) e *Counterpoint based on eighteenth century practice*, de Kent Kennan (1999). Embora Benjamin não adote a metodologia das espécies, suas propostas de exercícios, assim como as análises de obras de J. S. Bach, mostraram-se pertinentes ao desenvolvimento do estudo. Kennan é adepto das espécies, incluindo exercícios com ritmo complementar, o que foi adotado como concepção didática, de forma bastante similar, com poucas adaptações. Contudo, apesar da referência significativa desses dois livros, a maior parte dos exercícios, especialmente a correspondente ao trabalho com ritmo complementar, foi elaborada a partir das necessidades que se apresentaram no decorrer das atividades pedagógicas.

Foram ainda indicadas as seguintes obras, como leitura complementar:

CARVALHO. *Contraponto tonal e fuga* – Manual prático, 2002
MOTTE. *Contrapunto*, 1991.
OWEN. *Modal and tonal counterpoint*, 1992.
PISTON. *Counterpoint*, 1947.
SCHOENBERG. *Exercícios preliminares de contraponto*, 2001.

Os trabalhos dos alunos

Os trabalhos de composição dos alunos totalizaram 35 danças de suíte e 35 invenções a duas vozes, dos quais foram selecionadas três danças e três invenções, expostas a seguir.

Danças de suíte

Para a composição das danças de suíte, foi estabelecido que os alunos tivessem como referência a estrutura formal das danças das suítes francesas e inglesas de J. S. Bach, observando:

- Características rítmicas.
- Modulação na primeira parte para a dominante (quinto grau), no caso de a tonalidade principal ser menor, acrescentando a essa possibilidade a modulação para a dominante menor ou para a tônica relativa (terceiro grau), se a tonalidade principal fosse menor.
- Reutilização do material temático inicial na segunda parte, dentro da nova tonalidade.
- Modulação de volta à tonalidade principal.

Foi determinado que os alunos deveriam definir as funções harmônicas utilizadas, e registrá-las de alguma forma, usando cifras da harmonia funcional ou graduada, ou ainda as jazzísticas, conforme figuram nas análises de música popular.

Os trabalhos foram enviados via *e-mail*, respondidos com críticas e sugestões, e reenviados; alguns sofreram modificações significativas a partir dos comentários feitos e tiveram ainda um segundo retorno para que se adequassem aos parâmetros estabelecidos. A exposição dos trabalhos em aula contou com a utilização do aparelho de *data-show*, o que possibilitou ressaltar os pontos críticos, assim como os procedimentos mais condizentes à proposta do trabalho. A dinâmica das aulas, dessa forma, estimulou o exercício analítico a partir da escuta conjunta e das discussões decorrentes, fundamentadas na constatação dos problemas técnicos ou estéticos e de suas possíveis soluções.

As danças e as invenções aqui apresentadas correspondem às primeiras versões dos trabalhos, isto é, antes de serem submetidas a qualquer revisão ou avaliação.

A Dança 1 seguiu a estrutura formal determinada e o desenvolvimento rítmico de acordo com as características da *Courante*. Em certos aspectos, porém, apresenta problemas constatados em grande parte dos trabalhos, relativos especialmente à definição das funções harmônicas. Em alguns pontos, as notas estranhas à harmonia

CONTRAPONTO: O ENSINO E O APRENDIZADO NO CURSO SUPERIOR DE MÚSICA **131**

são conduzidas inadequadamente, não se enquadrando nos tratamentos vistos a partir da segunda espécie; todos os tipos de notas estranhas trabalhados incluem o apoio de notas essenciais da harmonia, como preparação ou resolução. Não é o que ocorre nos compassos 8, 13, 22 e 27, destacando-se que nos compassos 8 e 22 a nota estranha é a sétima da tônica, a qual, conforme mencionado anteriormente, para muitos alunos, é considerada nota integrante do acorde, não necessitando de condução especial. Outra questão a ser ressaltada se refere à ausência de alteração da nota sensível no compasso 21, no qual a função harmônica é definida como dominante maior. Em relação à sequência harmônica utilizada, observa-se que no trecho final da primeira parte, não existe uma direção cadencial clara para a nova tonalidade – Lá Maior –, visto que não inclui Ré Maior, Ré Menor ou Si Menor com função de subdominante, o que seria fundamental para que a modulação fosse, efetivamente, estabelecida. O timbre escolhido foi de cordas em *pizzicato*, o que, de certa forma, contribuiu para que os problemas citados não ficassem tão evidenciados, pela curta duração das notas. Esse fato foi discutido em aula, a partir da escuta comparativa, que envolveu a utilização de outros timbres, como cordas com arco e piano, o que propiciou uma percepção significativa das ocorrências apontadas. Pode-se observar ainda o paralelismo na passagem do penúltimo ao último compasso, claramente evidenciado em qualquer timbre.

A Dança 2 apresenta, além do desenvolvimento rítmico característico da Giga, o estabelecimento da unidade formal da dança, considerando a exposição do mesmo material temático nas duas partes. Porém, observa-se que, embora a segunda parte comece na nova tonalidade – Fá Maior –, a primeira parte conclui na tonalidade inicial – Ré Menor. Essa conclusão possui, ainda, um deslocamento da métrica, pelas funções harmônicas utilizadas; nos compassos 10 e 11, a tônica figura nos segundos tempos, comprometendo o caráter conclusivo da terminação no compasso 12. A definição da harmonia é prejudicada no início da dança pelo emprego da primeira inversão da tônica; a fundamental do acorde seria mais conveniente para a clara determinação da tonalidade. Ademais, há paralelismos nas passagens dos compassos 17 para 18; 21 para 22; e no compasso 22, além de oitavas alcançadas por movimento direto nos compassos 1, 6 e 24; esse tipo de movimento, frequentemente utilizado em conclusão de cadências, em outro contexto afeta, consideravelmente, a autonomia das vozes. O discurso harmônico poderia ser mais explorado, com maior utilização de funções secundárias e de dominantes individuais. Ressalta-se que a segunda parte não inclui subdominante, de Ré Menor ou de Fá Maior, o que decorre na ausência de um movimento mais dinâmico, em prol da direcionalidade harmônica. Observou--se que, nos trabalhos que utilizaram o tipo de cifra da Dança 2, as funções estabelecidas tiveram uma sequência menos coerente ou mais empobrecida do que aqueles cifrados pela harmonia funcional.

A Dança 3 está perfeitamente de acordo com os parâmetros determinados. Há uma clara definição das funções harmônicas, incluindo uma considerável diversidade de notas estranhas à harmonia, com predomínio de apogiaturas e retardos nos primeiros tempos dos compassos, o que contribui de maneira efetiva para a unidade formal da composição. Os finais das duas partes possuem cadências autênticas perfeitas, nas quais o sentido das funções é favorecido pelas posições métricas que ocupam. Observa-se que a sequência harmônica, especialmente da segunda parte, inclui funções distantes, como o Si Bemol Menor, no compasso 17; porém, esse tipo de afastamento da tonalidade não chega a comprometer a coerência do discurso, visto que inclui uma preparação e uma condução subsequente que compreende relações de proximidade entre as funções empregadas.

Invenções a duas vozes

Foi estabelecido que as invenções deveriam apresentar duas exposições do sujeito em tonalidades diferentes e dois episódios modulantes, havendo a opção de incluir uma terceira exposição e uma coda. Nas orientações para a composição foi enfatizada a recomendação de que deveria ser empregado o maior número possível dos recursos imitativos vistos nas Invenções a duas vozes de Bach, analisadas em aula.

INVENÇÃO 1

CONTRAPONTO: O ENSINO E O APRENDIZADO NO CURSO SUPERIOR DE MÚSICA   137

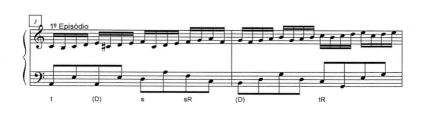

A Invenção 1 contém uma gama considerável dos recursos contrapontísticos vistos nas análises, ressaltando-se as progressões harmônicas dos episódios, feitas a partir da repetição sequencial do motivo proposto, e o emprego do contraponto invertível, nas exposições e nos episódios. Dessa forma, o material temático da primeira exposição e do primeiro episódio é reutilizado nas partes subsequentes, fazendo que a composição tenha identidade com as característi-

CONTRAPONTO: O ENSINO E O APRENDIZADO NO CURSO SUPERIOR DE MÚSICA **139**

cas da música barroca, especialmente no que se refere a uma certa "economia" de elementos temáticos, explorados ao máximo em suas possibilidades de organização e desenvolvimento, tendo como suporte um discurso harmônico dinâmico e coerente. Porém, a repetição exata do primeiro episódio acarretou, no segundo e no terceiro, um afastamento da tonalidade inicial maior do que seria apropriado. O primeiro episódio modula, corretamente, para a dominante – Mi Maior; o segundo é conduzido a Si Maior, que é a dominante da dominante de Lá Maior; o terceiro, conduziria, segundo os mesmos parâmetros, a Fá# Maior, mas, nesse momento, a modulação de retorno do compasso 17 apresenta uma equivalência diferente de funções em relação às duas modulações anteriores: S=D, em vez de T=S. A partir dessa última modulação, a tonalidade pretendida, Lá Maior, não é estabelecida devidamente, pois a sequência não contém nenhuma espécie de subdominante, apenas tônicas e dominantes, não se configurando a cadência perfeita. Observam-se, ainda, no trecho final, a ausência do sujeito na tonalidade inicial e a conclusão na tônica, antecipada no terceiro tempo do penúltimo compasso, deslocada da posição métrica mais favorável, que seria o primeiro tempo do último compasso.

A Invenção 2 apresentou uma tendência vista em alguns trabalhos, de utilizar um andamento muito rápido na concepção da composição, o que denota uma preocupação maior com os efeitos tímbricos do que com as características essenciais da escrita contrapontística. Esse procedimento encobre várias ocorrências não recomendáveis, como paralelismos e inclusões de notas incompatíveis com as funções harmônicas estabelecidas. Na exposição dessa Invenção em aula, a reação dos alunos foi de grande admiração, acompanhada de aplausos animados. Porém, na execução em andamento mais lento, foram percebidos os problemas; a primeira exposição e o primeiro episódio já contêm um número considerável de paralelismos, o que, naturalmente, repete-se ao longo do trabalho. Observa-se que a definição das funções harmônicas é prejudicada, sobretudo, pela utilização frequente da segunda inversão de acordes perfeitos, decorrência da estrutura do sujeito, que é iniciado no quinto grau da escala. Os episódios, embora incluam repetições sequenciais, não apresentam um discurso harmônico lógico para que se efetuem as modulações. No compasso 15 há uma cadência para a nova tonalidade – Do# Maior; entretanto, para chegar à cadência, a sequência harmônica não é objetiva, incluindo funções distantes, como é o caso da subdominante da subdominante relativa – Sol Maior, no compasso 13, inteiramente descontextualizada. Quanto ao aspecto formal, a Invenção está de acordo com os parâmetros determinados, salientando-se, em especial, a terceira exposição, que se estende em forma de episódio; o caráter modulante conferido ao sujeito nos compassos 23 e 24 favorece o retorno ao sujeito na tonalidade inicial e, consequentemente, a conclusão da composição.

A Invenção 3 apresenta clareza na forma, no discurso harmônico e no emprego de recursos contrapontísticos. O primeiro episódio contém elementos do sujeito, enquanto o segundo expõe outro material temático, e divide-se em três partes: a primeira compreende o trecho do terceiro tempo do compasso 7 ao segundo tempo do compasso 9; a segunda, do terceiro tempo do compasso 9 ao segundo tempo do compasso 10, inclui um retorno ao sujeito na dominante, o que poderia ser classificado como uma terceira exposição; a terceira apresenta novo motivo melódico que possui elementos do sujeito, e o trecho contido entre o terceiro tempo do compasso 10 e o segundo tempo do compasso 13 é repetido em seguida, na forma de contraponto invertível. A apresentação do sujeito na tonalidade inicial ocorre somente no compasso final. A unidade formal da composição foi plenamente estabelecida. O segundo episódio, por ser consideravelmente mais extenso do que o primeiro e envolver mais de uma ideia temática, poderia comprometer essa unidade; porém, da forma como foi conduzido, com alusões ao sujeito e recorrências motívicas, assegura sua coesão com o todo da composição.

Aspectos relevantes do aprendizado

O contato que os alunos tiveram com o contraponto modal no ano anterior favoreceu, de forma significativa, a compreensão e a

CONTRAPONTO: O ENSINO E O APRENDIZADO NO CURSO SUPERIOR DE MÚSICA 141

assimilação do contraponto tonal. O fato de vivenciar o processo histórico referente à transição da música modal para a tonal e ao estabelecimento dos princípios do idioma tonal, para grande parte dos alunos, não foi apreendido como tal, embora tenha sido, constantemente, salientado no decorrer das aulas; foram frequentes os comentários: "esse contraponto é muito mais fácil, porque não tem tantas proibições quanto o outro", ou "antes tudo era proibido, e agora tudo pode". Os comentários denotam a ideia equivocada de que os dois tipos de contraponto já nasceram prontos, desconsiderando qualquer relação entre eles. Entretanto, essa concepção não exclui os aspectos positivos do estudo, os quais envolvem, especialmente, a iniciação ao pensamento linear, o que contribui para o desenvolvimento não só da habilidade de escrita melódica, mas também da percepção auditiva da autonomia expressiva das vozes, fornecendo elementos importantes para a vivência e o entendimento do contraponto inserido no universo tonal.

Os problemas relativos à definição das funções harmônicas e ao estabelecimento de um discurso harmônico coerente e objetivo, observados logo nos primeiros exercícios, evidenciaram-se ao longo do ano, e a grande maioria dos alunos passou por mudanças expressivas nesse aspecto no decorrer do aprendizado, apresentando resultados bastante satisfatórios, embora tenha havido casos nos quais os problemas referidos estiveram presentes até nos trabalhos finais.

Pôde-se constatar que, dentre os vários tipos de classificação harmônica usados pelos alunos, as cifras da harmonia funcional se mostraram as mais adequadas ao estudo por favorecerem o entendimento das relações entre as funções; as outras cifragens partem da descrição estrutural dos acordes, não explicitando o sentido funcional da harmonia. Nos trabalhos não cifrados pela harmonia funcional houve maior ocorrência de discursos harmônicos indefinidos e com funções alheias ao contexto. Porém, a classificação harmônica, independentemente do tipo de cifragem utilizada, muitas vezes não condizia com o desenvolvimento das vozes do contraponto, o que decorreu em várias discussões para desfazer os equívocos percebidos.

Embora nos exercícios das espécies os alunos tenham trabalhado com todos os tipos de notas estranhas à harmonia, nas composições, especialmente das danças, houve um número considerável de notas descontextualizadas harmonicamente, e sem uma condução melódica adequada, conforme os princípios determinados. Em parte, essas ocorrências se explicam pelo fato de os alunos não perceberem ou não considerarem a diferença entre as dissonâncias que eles usam, habitualmente, nos acordes e as notas que, de fato, conferem identidade às funções harmônicas, devendo, portanto, ser priorizadas na escrita a duas vozes, como representação legítima dos acordes.

Alguns aspectos da composição, como movimentos cadenciais mais efetivos, assim como a escolha de tonalidades mais próximas da principal nas exposições intermediárias da Invenção não foram incorporados com facilidade. Nas primeiras versões dos trabalhos, conforme pode ser observado nos exemplos aqui expostos, não houve a atenção devida a tais aspectos, apesar de terem sido enfatizados em aula.

Certas tendências presentes nas produções dos alunos, citadas no Capítulo 2, foram observadas tanto nas composições quanto nos exercícios das espécies, destacando que:

- Na concepção e na avaliação crítica dos trabalhos, é nítida a valorização dos efeitos tímbricos, o que se evidencia na escolha dos andamentos, acarretando, muitas vezes, uma desconsideração aos elementos mais essenciais da escrita a duas vozes, de acordo com os princípios determinados, conforme ocorreu com a Invenção 2. Os andamentos rápidos foram utilizados, sobretudo, nas composições que envolviam semicolcheias, mesmo em danças caracteristicamente mais lentas como a *Allemande*. No geral, a reação dos alunos era de decepção quando ouviam suas composições em andamento mais lento, especialmente quando eram ressaltados os problemas básicos de escrita, o que acarretava comentários como: "é claro que no andamento lento apareçam problemas, porque perde, totalmente, a graça". Depois de resolvidos os problemas em andamento lento, quando

CONTRAPONTO: O ENSINO E O APRENDIZADO NO CURSO SUPERIOR DE MÚSICA 143

apropriado, eram colocados, de novo, os andamentos rápidos, e ouvidas as duas versões: a original e a modificada a partir das considerações feitas em aula. As diferenças entre as duas versões, embora claramente perceptíveis para a maior parte dos alunos, para alguns não eram captadas de maneira efetiva. Esse fato corrobora, de certa forma, as constatações mencionadas no Capítulo 2, referentes ao modo superficial que os alunos demonstram de apreensão do conhecimento em circunstâncias diversas.

• Embora não se configurando como predominância, houve a ocorrência de ideias temáticas em excesso entre os trabalhos, resultando em composições com a unidade formal comprometida. Mesmo sendo constantemente abordados nas aulas os recursos de desenvolvimento temático utilizados na música barroca, alguns alunos orientaram os impulsos criativos mais à concepção de diferentes ideias motívicas do que à concentração num material rítmico e melódico, explorado em suas várias possibilidades de desenvolvimento.

As análises das obras renascentistas e barrocas, nos Contrapontos I e II, despertaram o interesse de grande parte dos alunos, especialmente em relação às composições de Bach. Esse interesse levou alguns alunos a tomar a iniciativa de fazer uma fusão, nos trabalhos, de elementos do universo de referências musicais com que eles lidam no cotidiano com as técnicas contrapontísticas aprendidas. Houve, dessa forma, a utilização de temas já existentes, de repertórios variados, nas danças e nas invenções, o que, na maioria das vezes, não apresentou resultados satisfatórios; os temas, de maneira geral, continham características inadequadas aos parâmetros da composição barroca, não favorecendo o desenvolvimento rítmico, harmônico ou melódico, condizente aos propósitos de aprendizado da disciplina. Entretanto, os alunos foram estimulados a realizar experiências desse tipo, buscando temas mais propícios, ou, fazendo o caminho inverso, utilizando referências do contraponto aprendido em outros estilos musicais, depois, porém, de terem feito o trabalho de acordo com os princípios estabelecidos. Não houve tempo para tais experiências, visto que o ano letivo já estava no final. Contudo, pôde-se constatar que o contato com um idioma musical novo, para muitos alunos, teve uma importância significativa, no sentido de ampliar seu universo de referências, somando possibilidades diversas às suas concepções musicais.

Em relação a Contraponto I e II, foram observadas algumas diferenças de comportamento dos alunos quanto à valorização dos trabalhos que eles produziram no decorrer do ano. A dinâmica das aulas, estabelecida, predominantemente, pela exposição e crítica dos trabalhos feitos, provocou, em especial nas classes de Contraponto I, certo receio dos alunos em apresentar seus exercícios; muitos pediam uma avaliação prévia, antes de escrever no quadro-negro, demonstrando um natural constrangimento por ficarem vulneráveis a comentários nem sempre favoráveis, diante dos colegas. Ao longo do desenvolvimento do estudo, e principalmente nas classes de Contraponto II, foi possível atingir certo grau de descontração, viabilizando, positivamente, as discussões e as trocas de experiências. Num processo gradativo, os alunos passaram a se revelar mais convictos do que escreviam, levantando argumentos relativos a cada crítica recebida. Esse comportamento foi manifestado, sobretudo, na defesa da manutenção dos padrões estéticos mais familiares a eles, apresentando resistência em se submeter a determinados princípios. Foi preciso enfatizar com frequência que, para o efetivo cumprimento da função do estudo, as preferências pessoais não deveriam ser o único critério norteador dos procedimentos de escrita, como muitas vezes eles tentaram fazer prevalecer. No transcorrer das discussões, porém, essa questão foi devidamente esclarecida, e as finalidades essenciais da disciplina foram plenamente assimiladas pela maior parte dos alunos, conduzindo-os a ter uma atitude receptiva e participativa em relação ao ensino.

Considerações Finais

A pesquisa forneceu dados essenciais para conduzir a reflexão acerca do papel do Contraponto na formação dos alunos e dos aspectos mais determinantes que envolvem o ensino e o aprendizado, especialmente o que concerne à contextualização das ações educacionais no mundo contemporâneo.

Dos dados levantados, ressalta-se o fato de que a maior parte dos alunos já exerce atividades profissionais, com necessidades específicas, fazendo que eles esperem que o estudo na faculdade lhes dê respostas imediatas e eficazes. A tendência ao imediatismo revela-se um componente marcante do perfil do grupo pesquisado, cujas experiências cotidianas envolvem o contato com mídias diversas que compõem o universo de possibilidades que o atual avanço tecnológico permite. Os modos de apreensão do conhecimento constatados, abrangentes e multifacetados, são produto desse universo e, naturalmente, estendem-se às formas como os alunos se relacionam com a música; a facilidade de acesso que eles têm a muitos tipos de música diferentes permite-lhes ampliar não apenas a bagagem de referências, como também a própria expectativa de obter resultados que remetam a uma polivalência de habilidades práticas. Ocorre que a multiplicidade de informações coletadas de fontes diversas, na maior parte das vezes de forma desorientada, acarreta uma formação fragmentada, apresentando lacunas de formação básica, o que se torna um fator limitante para que eles lidem com a prática musical em seus diferentes segmentos.

Diante dessa realidade, pode-se salientar a importância do estudo do Contraponto como fator de amadurecimento musical, na medida em que pode estabelecer uma coerência na sedimentação dos conhecimentos, por englobar vários aspectos da linguagem musical, como organicidade rítmica e melódica, harmonia e estrutura formal.

Considerando que os alunos, hoje, têm suas atividades cada vez mais diversificadas, decorrentes, sobretudo, da ampliação do mercado profissional, é preciso que eles possam contar com ferramentas de trabalho que os auxiliem de maneira efetiva no cumprimento de suas funções. O estudo do Contraponto pode ser inserido no rol dessas ferramentas, somado aos recursos tecnológicos, cujo papel é de extrema importância na vivência musical da maior parte do grupo pesquisado. Os aparatos eletrônicos permitem a produção de grandes efeitos, que, a exemplo de alguns trabalhos analisados, sobrepõem-se a um tratamento mais apurado da escrita musical, aplacando, de certa forma, a ansiedade que os alunos demonstram em ter resultados rápidos de suas criações. Entretanto, a prática musical em tais bases não contempla as naturais inquietações subsequentes, e tampouco sustenta um trabalho de maiores proporções, visto que os efeitos são esgotados facilmente se não se aplicam a uma ideia musical consistente.

Essa questão se evidenciou na experiência relatada no Capítulo 3, especialmente no aprendizado do contraponto tonal que, além de se basear num idioma no qual os alunos se sentem mais à vontade para realizar experiências, contou com os recursos do computador na execução dos trabalhos. Ao final do ano letivo, pôde-se constatar que o estudo do Contraponto despertou a atenção da maioria dos alunos para a importância da escrita musical cuidadosamente elaborada, assim como para a percepção dos resultados decorrentes dessa elaboração.

CONTRAPONTO: O ENSINO E O APRENDIZADO NO CURSO SUPERIOR DE MÚSICA   147

É possível afirmar que o trabalho pedagógico realizado desenvolveu-se num processo de gradativa consolidação de conceitos básicos na construção do aprendizado. Dentre os fatores mais determinantes desse processo inclui-se a conscientização das ocorrências musicais empregadas na escrita; foi observada, entre os alunos, a tendência em deixar fluir, de forma desordenada, os procedimentos mais intuitivos nos exercícios práticos, sem a noção exata da definição e da função de tais procedimentos, muitas vezes resultando em falta de coerência do discurso musical. Os princípios técnicos dos dois tipos de contraponto forneceram um suporte importante ao encaminhamento da prática pedagógica, a fim de estabelecer critérios para um fazer musical mais consciente, considerando o significado dos elementos da linguagem e as relações entre eles.

As características estilísticas trabalhadas permitiram a determinação de parâmetros objetivos em abordagens específicas, a cada etapa do estudo. Dessa forma, em Contraponto I a didática pautou-se, inicialmente, pela assimilação progressiva dos componentes necessários para o desenvolvimento da fluência melódica, evoluindo para o enfoque da unidade formal, utilizando os recursos imitativos. Considerando que no contraponto modal o aspecto harmônico não envolve a harmonia tonal, foi possível concentrar as atenções mais exclusivamente no caráter direcional das linhas individuais, assim como na autonomia expressiva das vozes, fatores essenciais da polifonia. Em Contraponto II, o fato de haver um número consideravelmente maior de elementos a se lidar, especialmente relativos ao tratamento harmônico, a ênfase recaiu, em princípio, sobre as relações entre as funções tonais, que conduziram as elaborações melódicas, rítmicas e formais do contraponto.

A revisão bibliográfica contida no Capítulo 1 mostra diferentes concepções sobre o estudo do Contraponto; cada enfoque pretende suprir carências específicas percebidas na prática pedagógica, defendendo condutas educacionais condizentes às realidades de atuação de cada um dos autores. Dessa forma, embora o material didático forneça dados importantes, não pode contemplar de maneira plena as necessidades que se apresentam em contextos diversos. As linhas de ensino que fundamentaram o trabalho exposto no Capítulo 3 contaram com referências que incluem, além da bibliografia citada, informações coletadas de outros livros e, principalmente, as experiências vivenciadas na prática educativa. Partindo das respostas dos alunos às propostas pedagógicas adotadas, podem ser destacadas algumas considerações:

- A opção por abordar os contrapontos modal e tonal se mostrou apropriada para as classes de Contraponto I e II, na ordem em que foram trabalhados. Como introdução ao pensamento linear, o contraponto modal firmou conceitos de estruturação musical básica, desenvolvendo a percepção de conduções melódicas simultâneas, com autonomia expressiva das vozes. Pôde-se observar que a vivência musical dos alunos no cotidiano inclui, predominantemente, o contato com tipos de música nos quais se prioriza o tratamento vertical, o que ocorre, em especial, em estilos de música popular. Esse aspecto se torna evidente em alguns métodos de ensino que os alunos citam como referência da formação que tiveram; tais métodos enfocam, fundamentalmente, acordes, sem nenhuma consideração ao elemento melódico. Naturalmente, nesses casos, a percepção tende a ser mais aguçada na escuta de simultaneidades verticais do que horizontais. No Contraponto II, ficou nítida a importância de os alunos terem passado pela experiência do Contraponto I, na qual se estimulou o exercício da escrita orientado pela escuta atenta das linhas do contraponto.
- A utilização do sistema das espécies teve resultados satisfatórios em Contraponto I e II, com enfoques diferenciados nos dois casos:
  - no contraponto modal o tratamento das espécies é mais restritivo do que no tonal, por não comportar variedade rítmica, atendo-se a trabalhar um único valor de duração em cada espécie. Pode-se constatar que a restrição dos valores rítmicos determina um padrão de disciplina eficaz aos alunos

CONTRAPONTO: O ENSINO E O APRENDIZADO NO CURSO SUPERIOR DE MÚSICA **149**

que travam o primeiro contato com a técnica objetiva de construir a fluência melódica em todas as suas implicações, além de contribuir de forma significativa para a consolidação de conceitos relativos a outros segmentos da formação musical que, nesse estágio do aprendizado, eles estruturam;

– a importância maior das espécies no contraponto tonal foi relacionada à fundamentação na harmonia para a elaboração melódica e a disposição rítmica das linhas individuais que, obedecendo a uma regularidade quanto à repetição de motivos, visou a favorecer a determinação de um ritmo harmônico propício a um discurso musical coerente. Conforme pôde ser observado em alguns trabalhos dos alunos, contextos que têm uma construção mais livre do ponto de vista rítmico, muitas vezes, dificultam o estabelecimento de uma lógica nas sequências das funções harmônicas. O trabalho com as espécies, dessa forma, mostrou-se adequado a firmar as bases da lógica referida, como preparação para a composição.

• O empenho no estudo foi, expressivamente, intensificado na etapa dos trabalhos de composição de contraponto tonal, na qual os contatos com os alunos eram estabelecidos, além das aulas, por *e-mail*. É interessante notar que, na utilização de um canal de comunicação próprio da contemporaneidade, recupera-se, de certo modo, uma prática que, até o século XIX, foi a base do ensino musical: a instrução individualizada. É certo que essa prática educativa ainda subsiste, especialmente no que se refere a aulas de instrumento e canto. Porém, disciplinas como Contraponto, Harmonia, Percepção, Análise, entre outras, são trabalhadas, ao menos na faculdade, coletivamente. Um dos aspectos positivos desses contatos foi fazer que as composições fossem revisadas atentamente e refeitas quando necessário, visto que um dos traços mais característicos observados nos alunos consiste em não voltar ao que já está escrito, considerando definitivas as primeiras elaborações.

150   VERA HELENA MASSUH CURY

- O fato de ter concluído o trabalho dos dois tipos de contraponto com composições sobre formas definidas favoreceu a compreensão dos alunos quanto ao caráter prático do estudo, que muitas vezes é incluído, equivocadamente, na categoria de "matérias teóricas". Embora haja certas linhas de pensamento, presentes no material didático explorado no Capítulo 1, que consideram o estudo do Contraponto simplesmente um método de treinamento, há evidências claras de que hoje, mais do que em qualquer época passada, é preciso que os alunos vislumbrem possibilidades de aplicação daquilo que aprendem. Constata-se que, independentemente do curso que fazem na faculdade, eles têm suas atividades musicais cada vez mais relacionadas a composições e arranjos. O perfil dos alunos sofreu mudanças consideráveis nesse aspecto, nos últimos anos. Anteriormente, o quadro dos estudantes da Faculdade de Música era composto quase exclusivamente de instrumentistas que, em sua grande maioria, só tinham a preocupação de tocar o seu instrumento. Nesse caso, disciplinas como Contraponto e outras "matérias teóricas" eram cumpridas burocraticamente, relegadas a um papel secundário no aprendizado. Hoje, os instrumentistas, ainda em número superior ao dos outros estudantes de Música, além da dedicação ao instrumento, atuam em outras áreas, nas quais são exigidas habilidades diversas que envolvem, sobretudo, a prática da escrita musical eficaz e criativa.

- Nas formas trabalhadas nas composições procurou-se uma abrangência de elementos formais básicos para a compreensão da importância da coerência e da lógica na estruturação da linguagem musical. Os dois tipos de contraponto mostraram possibilidades de contribuir para essa compreensão, uma vez que exploram variadas possibilidades de desenvolvimento temático; no caso do contraponto tonal, conta-se, ainda, com o estabelecimento de um discurso harmônico como fator determinante da estrutura formal. Ressalta-se que os recursos contrapontísticos trabalhados, aplicáveis também a outros estilos que não os en-

CONTRAPONTO: O ENSINO E O APRENDIZADO NO CURSO SUPERIOR DE MÚSICA **151**

focados no estudo, apresentam especial relevância nos idiomas musicais surgidos a partir do início do século XX. A atonalidade, em muitas das suas vertentes, a exemplo do dodecafonismo e do serialismo, é, fundamentalmente, calcada no fenômeno melódico, na medida em que depende de uma organização baseada em relações temáticas.

Ao finalizar, pode-se concluir que as ações que cercaram o ensino e o aprendizado do Contraponto nas experiências relatadas mostraram-se capazes de suprir muitas das necessidades que se evidenciam na formação dos alunos na realidade atual. Naturalmente, não há uma fórmula determinada a ser seguida na condução da prática pedagógica para a obtenção de resultados satisfatórios, tampouco conclusões definitivas sobre os processos de aprendizagem. A cada ano, a renovação do quadro dos alunos revela novas expectativas e novas formas de apreender o conhecimento, num movimento incessante que, aliado ao olhar atento do educador, pode resultar em trocas enriquecedoras para um crescimento conjunto de todos os elementos envolvidos. Reafirma-se, portanto, a concepção da educação, presente em todas as etapas da realização do trabalho, como um processo dinâmico, que tem como prioridade o diálogo permanente entre ensino e aprendizado, no qual as duas partes devem ser movidas por inquietações que impulsionem a busca constante por novas possibilidades de ação e transformação.

REFERÊNCIAS BIBLIOGRÁFICAS

Sobre contraponto

BENJAMIN, T. *The craft of modal counterpoint*. New York: Schirmer Books, 1979.

_____. *Counterpoint in the style of J. S. Bach*. New York: Schirmer Books, 1986.

BERTUCCI, J, T. *Tratado de contrapunto*. Buenos Aires: Ricordi, s. d.

CARVALHO, A. R. *O ensino do contraponto nas universidades brasileiras*. Porto Alegre: Curso de Pós-Graduação. Núcleo de Estudos Avançados – UFRS, 1995.

_____. *Contraponto modal* – Manual prático. Porto Alegre: Sagra Luzzatto Novak Multimedia, 2000.

_____. *Contraponto tonal* – Manual prático. Porto Alegre: Sagra Luzzatto Novak Multimedia, 2002.

JEPPESEN, K. *Counterpoint* – The polyphonic vocal style of the sixteenth century. New York: Dover Publications, 1992.

KENNAN, K. *Counterpoint based on eighteenth century practice*. 4.ed. New Jersey: Prentice Hall, 1999.

KOELLREUTTER, H. J. *Contraponto modal do século XVI (Palestrina)*. 2.ed. Brasília: MusiMed, 1996.

KREHL, S. *Contraponto*. Barcelona: Labor, 1953.

KRENEK, E. *Tonal counterpoint in the style of the eighteenth century*. London: Boosey and Hawkes, 1958.

154 VERA HELENA MASSUH CURY

_____. *Modal counterpoint in the style of the sixteenth century.* London: Boosey and Hawkes, 1959.

_____. *Studi di contrappunto basati sul sistema dodecafonico.* Milano: Curci, 1983.

MANN, A. *The study of counterpoint from Johann Joseph Fux´s Gradus ad Parnassum.* New York; London: W.W. Norton & Company, 1971.

MORRIS, R. O. *The structure of music/An outline for students.* London: Oxford University Press, 1935.

MOTTE, D. de la. *Contrapunto.* 2.ed. Barcelona: Labor, 1991.

OWEN, H. *Modal and tonal counterpoint.* New York: Schirmer Books, 1992.

PISTON, W. *Counterpoint.* N. York: W. W. Norton & Company, Inc., 1947.

SCHOENBERG, A. *Exercícios preliminares de contraponto.* São Paulo: Via Lettera, 2001.

SEARLE, H. *El contrapunto del siglo XX.* Barcelona: Vergara, 1957.

SWINDALE, O. *Polyphonic composition:* an introduction to the art of composing vocal counterpoint in the sixteenth-century style. Oxford: Oxford University, 1989.

TRAGTENBERG, L. *Contraponto – Uma arte de compor.* São Paulo: Edusp, 1994.

VÁRIOS AUTORES. *Schola Cantorum* (partitura). Budapest: Editio Musical, 1974. (Coletânea)

Sobre educação

BABIN, P.; KOULOUMDJIAN, M. F. *Os novos modos de compreender.* São Paulo: Paulinas, 1989.

BRANDÃO, C. R. *O que é o método Paulo Freire.* 9.ed. São Paulo: Brasiliense, 1985.

BRITO, T. A. *Koellreutter educador* – O humano como objetivo da educação musical. São Paulo: Fundação Peirópolis, 2001.

CRITELLI, D. M. Para recuperar a educação. In: HEIDEGGER, M. *Todos nós... ninguém:* um enfoque fenomenológico do social. São Paulo: Moraes, 1981.

FONTERRADA, M. T. O. *Educação musical, investigação em quatro movimentos:* prelúdio, coral, fuga e final. 1991. Dissertação (Mestrado) – Pontifícia Universidade Católica, São Paulo.

CONTRAPONTO: O ENSINO E O APRENDIZADO NO CURSO SUPERIOR DE MÚSICA **155**

_____. A linha e a rede. In: *Anais* do 6º Simpósio Paranaense de Educação Musical, Londrina, 1997.

_____. *De tramas e fios:* um ensaio sobre música e educação. São Paulo, 2001. Tese (Livre-Docência) – Instituto de Artes, Universidade Estadual Paulista.

FREIRE, P. *Educação como prática da liberdade.* 5.ed. Rio de Janeiro: Paz e Terra, 1975.

_____. *Ação cultural para a liberdade.* 5.ed. Rio de Janeiro: Paz e Terra, 1981.

_____. *Educação e mudança.* 6.ed. Rio de Janeiro: Paz e Terra, 1983.

_____. *Pedagogia da esperança:* um reencontro com a pedagogia do oprimido. 9.ed. Rio de Janeiro: Paz e Terra, 2002a.

_____. *Pedagogia do oprimido.* 34.ed. Rio de Janeiro: Paz e Terra, 2002b.

FREIRE, V. L. B. *Música e sociedade:* uma perspectiva histórica e uma reflexão aplicada ao ensino superior de música. Rio de Janeiro, 1992. Tese (Doutorado) – Faculdade de Educação, Universidade Federal do Rio de Janeiro.

KATER, C. H. J. Koellreutter: música e educação em movimento. In: KATER, C. (Org.) *Cadernos de Estudo nº 6*, Educação Musical. Belo Horizonte: Atravez/EMUFMG/FEA/Fapemig, 1997.

KLEBER, M. O. *Teorias curriculares e suas implicações no ensino superior de Música:* um estudo de caso. São Paulo, 2000. Dissertação (Mestrado) - Instituto de Artes, Universidade Estadual Paulista.

KOELLREUTTER, H. J. Educação musical no Terceiro Mundo. In: KATER, C. (Org.) *Cadernos de Estudo nº 1*, Educação Musical. Belo Horizonte: Atravez/EMUFMG/FEA/Fapemig, 1988.

_____. Educação e cultura em um mundo aberto como contribuição para promover a paz. In: KATER, C. (Org.) *Cadernos de Estudo nº 6*, Educação Musical. Belo Horizonte: Atravez/EMUFMG/FEA/Fapemig, 1997a.

_____. O ensino da música num mundo modificado. In: KATER, C. (Org.) *Cadernos de Estudo nº 6*, Educação Musical. Belo Horizonte: Atravez/EMUFMG/FEA/Fapemig, 1997b.

_____. O espírito criador e o ensino pré-figurativo. In: KATER, C. (Org.) *Cadernos de Estudo nº 6*, Educação Musical. Belo Horizonte: Atravez/EMUFMG/FEA/Fapemig, 1997c.

_____. A música na era tecnológica. In: KATER, C. (Org.) *Cadernos de Estudo nº 6*, Educação Musical. Belo Horizonte: Atravez/EMUFMG/FEA/Fapemig, 1997d.

156   VERA HELENA MASSUH CURY

_____. Por uma nova teoria da música, por um novo ensino da teoria musical. In: KATER, C. (Org.) *Cadernos de Estudo n° 6*, Educação Musical. Belo Horizonte: Atravez/EMUFMG/FEA/ Fapemig, 1997e.

_____. Reparos e reflexões. In: KATER, C. (Org.) *Cadernos de Estudo n° 6*, Educação Musical. Belo Horizonte: Atravez/EMUFMG/ FEA/Fapemig, 1997f.

MARTINS, J. *Um enfoque fenomenológico do currículo:* educação como poiesis. São Paulo: Cortez, 1992.

REIMER, B. *A philosophy of music education.* New Jersey: Prentice Hall, 1970.

SANTOS, A. F. T. *Desigualdade social e dualidade escolar* – Conhecimento e poder em Paulo Freire e Gramsci. Rio de Janeiro: Vozes, 2000.

Obras gerais

BOULEZ, P. *A música hoje.* São Paulo: Perspectiva, 1972.

CULLEN, T. L. *Música sacra:* subsídios para uma interpretação musical. Brasília: MusiMed, 1983.

FORKEL, J. N. *Juan Sebastian Bach.* México: Fondo de Cultura Económica, 1993.

FUBINI, E. *La estética musical desde la antigüedad hasta el siglo XX.* Madri: Alianza Musical, 1994.

GOODE, W. J.; HATT, A. K. *Métodos em pesquisa social.* 7.ed. São Paulo: Companhia Editora Nacional, 1979.

GROUT, D.; PALISCA, C. *História da música ocidental.* Lisboa: Gradiva, 1994.

LEUCHTER, E. *Ensayo sobre la evolución de la musica en occidente.* 3.ed. Buenos Aires: Ricordi Americana, 1946.

MOTTE, D. *Armonía.* 2.ed. Barcelona: Labor, 1994.

RAYNOR, H. *História social da música.* Rio de Janeiro: Zahar, 1981.

SADIE, S. (Ed.) *The new Grove dictionary of music and musicians.* London: Macmillan Publishers Limited, 2001. v.29.

SCHAFER, M. *O ouvido pensante.* São Paulo: Editora Unesp, 1991.

STRAVINSKY, I. *Poética da música.* Lisboa: Dom Quixote, 1971.

STRUNK, O. (Org.) *Source readings in music history.* 3.ed. New York: W. W. Norton & Company, 1998.

SOBRE O LIVRO

Formato: 14 x 21 cm
Mancha: 23,7 x 42,5 paicas
Tipologia: Horley Old Style 10,5/14
Papel: Off-set 75 g/m² (miolo)
Cartão Supremo 250 g/m² (capa)
1ª edição: 2007
1ª reimpressão: 2012

EQUIPE DE REALIZAÇÃO

Coordenação Geral
Marcos Keith Takahashi

Edição de Texto
Casa de Ideias (Atualização Ortográfica)

Editoração Eletrônica
Casa de Ideias (Diagramação)

Impressão e acabamento